UNA BREVE HISTORIA DEL JARDÍN

Editorial GG, SL
Via Laietana 47, 3.º2.ª, 08003 Barcelona, España. Tel. (+34) 933 228 161
www.editorialgg.com

Gilles Clément

UNA BREVE HISTORIA DEL JARDÍN

Traducción de Cristina Zelich

GG

Título original: *Une brève histoire du jardin*,
publicado por Éditions JC Béhar, París, 2012.

Edición a cargo de Moisés Puente
Diseño de la colección: Setanta

1ª edición, 3ª tirada, 2022

Cualquier forma de reproducción, distribución,
comunicación pública o transformación de esta
obra solo puede ser realizada con la autorización
de sus titulares, salvo excepción prevista por la ley.
Diríjase a CEDRO (Centro Español de Derechos
Reprográficos, www.cedro.org) si necesita fotocopiar
o escanear algún fragmento de esta obra.
La Editorial no se pronuncia ni expresa ni
implícitamente respecto a la exactitud de la
información contenida en este libro, razón
por la cual no puede asumir ningún tipo de
responsabilidad en caso de error u omisión.

© Les Éditions du 81, 2012
© de la traducción: Cristina Zelich
y para esta edición:
© Editorial GG, SL, Barcelona, 2019

Printed in Spain
ISBN: 978-84-252-3252-7
Depósito legal: B. 21706-2019
Impresión: agpograf impressors, Barcelona

Este libro se ha impreso sobre papel fabricado
a partir de madera procedente de bosques y
plantaciones gestionadas con altos estándares
ambientales, garantizando una explotación de los
recursos sostenible y beneficiosa para las personas.
También para generar un menor impacto, hemos
dejado de retractilar nuestros libros. Con estas
medidas, queremos contribuir al fomento de una
forma de vida sostenible y respetuosa con el medio
ambiente.

Índice

El primer jardín
7

El cercado y la medida
17

El jardín vertical
29

La visión romántica
39

Los jardines de la noche
51

El jardín de los astros
67

El último jardín
79

El sueño del caracol
95

La tarjeta de puntos (relato)
107

Breve bibliografía
123

I

El primer jardín

En el bosque de Dzeng, los pantanos se cubren de palmeras espinosas. Crecen y se enredan al abrigo de los árboles grandes. Los habitantes de Dzeng se desplazan en piraguas talladas de un único tronco. Sobre el agua quieta trazan un surco lento; son niños o ancianos, pescadores, barqueros que transportan no se sabe qué, que se esfuerzan en una tarea sin urgencia. En la media sombra acechamos los reflejos de la zalmoxis, una mariposa de gran envergadura, de vuelo vivaz y alas robustas, uniformemente azules, atravesadas de nervaduras precisas, negras, como pintadas con tinta china.

En esta región de África, en la que subsiste una extensión forestal importante, la zalmoxis no es rara. Vive al oeste de Yaundé a lo largo de la carretera que nos lleva a orillas del río Dja, en la frontera con Gabón. Atravesamos el Camerún húmedo y boscoso, abandonando por un tiempo las sabanas secas del norte. Nuestra misión consiste en estudiar el comportamiento de las especies nocturnas atraídas por las trampas de luz en lugares remotos, en la linde del bosque. Un protocolo sencillo permite identificar cada media hora las especies que van apareciendo desde que cae la noche hasta la salida del sol. Anotamos la temperatura con una precisión de medio grado, la fase lunar y la fuerza del viento. Preferimos las noches cerradas tras un día de lluvia; garantía de eclosión y abundancia, los insectos se posan sobre el lienzo de caza extendido entre dos estacas improvisadas e iluminado por una lámpara de vapor de mercurio: una bombilla desnuda, oblonga, frágil, objeto de grandes cuidados durante el transporte de campamento a campamento. Después de un día en que la tienda fue arrastrada por el agua y nos quedamos sin techo, dormimos en las chozas locales, las cabañas ahumadas, sobre los jergones rugosos de los refugios indígenas que nos ofrecen por el camino. Antoine le Douala parlamenta y traduce, es nuestro salvoconducto. El Renault 4L, cargado hasta los topes, transporta el equipo electrógeno, las reservas de gasolina, la comida y a nosotros mismos: tres pasajeros asombrados de atravesar con tanta ligereza las pistas incómodas, como flotando por encima de los suelos de lateritas y de las marismas, mientras que los vehículos pesados se hunden a nuestro alrededor. En 1974, el mercado de los 4×4 inútiles no existía todavía, los viejos Land Rover se atan a los árboles mediante cabrestantes para salir de las roderas, los adelantamos, nos alcanzan de nuevo, jugamos a las carreras de sabana, luego nos detenemos para hacer balance de rendimiento: una vez más hemos pasado el vado...

Para ir al Dja tenemos un pretexto de exploradores: queremos acercarnos a la hembra de *Papilio antimachus* (un ejemplar forma parte del tesoro del Muséum de París, se dice que hay otro en Londres). Mientras que el macho se deja ver de buen grado cerca de las pistas —¿cómo no ver a ese inmenso planeador, un juguete tranquilo en el aire tropical, el mayor de los diurnos africanos?—, la hembra se esconde en la cima de los árboles, nunca baja, solo los pigmeos saben cómo son sus larvas y saben encontrarlas.

Nuestro objetivo: encontrarnos con los pigmeos.

En la cuenca africana, donde subsiste una continuidad forestal importante que cubre gran parte de Gabón y el sur de Camerún, viven los pigmeos. Pero también los pequeños elefantes de bosque, los ciervos de agua, los gorilas, los monos verdes y el virus del Ébola. En la época en la que viajamos, este virus aislado en los doseles arbóreos de Gabón, probablemente almacenado entre los artrópodos (de los que forman parte los insectos) y, tal como se cree actualmente, transmitido por los monos verdes, todavía no ha causado los estragos fulminantes que conocemos. En Zoulabot II nos ofrecen la mejor parte del mono, la nalga. Consumimos sin reservas este plato cocinado en honor de los invitados. Un manjar de primera. Compartir esta carne es una ceremonia. Hoy resulta mortal. En 1998, en el corazón de la selva gabonesa, a cien kilómetros del campamento de Makande, donde estaba instalada una expedición científica del Radeau des Cimes, todos los habitantes de un pueblo desaparecieron por esta única razón.

Zoubalot II, la última etapa antes de llegar al Dja, río fronterizo, se compone de casas sencillas dispersas en un claro y dispuestas en torno a un dispensario construido con materiales permanentes, según los cánones de la arquitectura colonial de la sabana: alero y tejado de chapa. Monjas holandesas, enviadas en misión por el gobierno, y sin duda también por un dios de la fiscalidad, intentan sedentarizar a la población pigmea; es decir, censarla y gravarla con impuestos.

En los libros se dice (o se decía): los pigmeos, junto con los bosquimanos del Kalahari, los peul del Sahel, los aborígenes de Australia, los inuit del Gran Norte y algunos otros pueblos, forman parte de las últimas sociedades nómadas del planeta.

Los nómadas no hacen jardines.

Los pigmeos, pueblo cazador, pescador y recolector, establecen su campamento creando un claro en el corazón de la selva. Talan árboles de forma somera, dejando el pie y la base del tronco hechos pedazos, ya que emplean herramientas toscas. Las hormigas carpinteras cubren el suelo; únicamente las ramas de poco diámetro y suficientemente flexibles y largas, tomadas de los árboles caídos, sirven para construir las chozas circulares y bajas. Efímeras. Para entrar en la choza, los pigmeos tienen que agacharse y pasar por un único acceso en forma de túnel. El campamento se abandona cuando el territorio de exploración —¿el jardín?—, en un radio que corresponde con la jornada de marcha de ida y vuelta, deja de satisfacer las necesidades de la sociedad nómada. La selva recupera entonces sus derechos. El campamento hecho de materia orgánica vuelve al humus, una vegetación "secundaria" ocupa el claro y lo cubre densamente antes de que los grandes árboles originarios vuelvan a encontrar allí su lugar. La *secundarización* de los bosques primarios bajo la influencia de las poblaciones nómadas corresponde a un fenómeno antiguo y no solo a las incidencias de las explotaciones modernas e industriales; sin embargo, su impacto nunca amenazó al sistema primario —muy extendido— de los grandes bosques de África antes del siglo XX.

En las inmediaciones de Zoulabot II, el campamento pigmeo al que tenemos acceso, esto parece un accidente de la selva: por todas partes se ven árboles heridos, tiesos por encontrar la muerte en el campo de batalla. El suelo está cubierto de ramas secas y en el silencio de un claro abrasado por el sol, apenas emergiendo como vestigios erigidos hacia el cielo, como gritos, las chozas suaves y redondas, las casas de los hombrecillos. ¿Qué energía, qué guerra, por qué tanto fervor para hacer que llegue la luz cegadora hasta el frágil suelo? ¿Actuarán siempre así los pigmeos, con terror y brutalidad?

El campamento pigmeo a orillas del Dja no es un campamento de verdad. No está destinado a desaparecer, se trata, en realidad, de un intento de instalación, una base, un primer poblado.

Los medios para conseguir la sedentarización son conocidos en todo el mundo: alcohol, drogas y supermercados. Todo ello en un terreno cercado lo bastante amplio como para denominarse de forma abusiva "territorio indígena", pues en él el pueblo, asistido violentamente, no deja de perder su identidad. ¿Qué ha pasado con los pigmeos sedentarios de las inmediaciones del Dja, más allá de Zoulabot II, en la frontera entre el Camerún y el Gabón forestales?

En julio de 1974 —breve temporada de lluvias que propicia las eclosiones en esta parte del mundo—, explicamos a los hombrecillos nuestra intención de encontrar una hembra de *Papilio antimachus*. Hablamos bajo la protección de un alero, delante de una cabaña construida con los materiales de las chozas, pero con una forma clásica: una cubierta a dos aguas por la que el agua resbala sobre las hojas amontonadas de pandanos. Son tímidos, nos miran sonrientes; abren mucho los ojos como para dar a entender que escuchan con atención. Antoine, nuestro intérprete-guía-ayudante, no habla su lengua. Un local no pigmeo llega para ayudarnos. Mostramos fotografías de la mariposa. De inmediato se animan, olvidan nuestra presencia; uno de ellos va a buscar un instrumento musical hecho de cuerdas tendidas, otro un pequeño xilofón. Puesto que hablamos de mariposas, hace falta música. Un poco. ¿Qué podemos darles a cambio? ¿Por qué estamos tan a menudo con las manos vacías, nosotros que hemos venido a saquear el mundo?

Los pigmeos del Dja no nos enseñarán la hembra del *Papilio antimachus*. No es la época. El más atrevido me toma de la mano, nos lleva más allá de la cabaña y se detiene ante un cercado. Es un cuadrado. Comprendemos que hay que observar esto y asombrarnos, ya que todo su cuerpo así lo expresa —atento y tenso, inmerso en la mayor de las inquietudes—; se trata de una experiencia moderna y peligrosa, una experiencia loca e insólita, una experiencia que te asigna a la tierra: un jardín.

Nos enseñan el jardín.

Sin duda, el más pobre, el más primigenio que yo haya visto nunca. También el más fuerte.

Perdido en medio de la selva africana, en el claro devastado, se erige un cercado simple de bambús destinado a proteger la minúscula producción, las tres plantas de cacahuete, las cinco de mandioca, el banano, los taros y un árbol demasiado joven para poder identificarlo. Aquí está el futuro, la organización de un pensamiento, el primer jardín.

Más adelante, a lo largo de mis viajes, tendré ocasión de comprobar que no todos los pueblos nómadas sedentarizados hacen jardines. Pero es probable que el primer jardín de la historia de la humanidad coincidiera con la sedentarización de alguna de sus poblaciones en algún lugar del planeta. El primer jardín de la historia no es el de los libros de historia, sino el de la historia de los pueblos que a lo largo de los tiempos —sea cual sea la época— dejaron su actividad nómada para establecerse en algún punto de su territorio.

El oasis de los desiertos, altamente sofisticado, puede considerarse como una etapa en la ruta nómada, una referencia-jardín para los viajeros. Los jardineros del oasis nunca emprenden el camino, sino que habitan el jardín. Gardaya en Argelia, Gadamés en Libia siguen siendo todavía hoy modelos de oasis en los que la sociedad sedentaria organiza su vida en relación con la sociedad nómada que se detiene en estos lugares.

De la experiencia del Dja conservo algunas enseñanzas:

El primer jardín es aquel del ser humano que decide *cesar su vagabundeo*. No hay una época determinada para esta etapa en la vida de un ser humano o una sociedad.

El primer jardín es *alimentario*. El huerto es el primer jardín. Es atemporal, pues no solo funda la historia de los jardines, sino que la atraviesa y la marca profundamente en todos sus períodos.

El primer jardín es un *cercado*.[1] Conviene proteger el bien preciado del jardín: las hortalizas, las frutas; luego las flores, los animales, el arte de vivir… todo aquello que, a lo largo del tiempo, se presentará siempre como lo "mejor". Es el modo de interpretar lo mejor lo que, en función de los modelos de civilización, determinará el *estilo* de los jardines. La noción de "mejor", de bien preciado, no deja de evolucionar. La escenografía destinada a valorar lo mejor se adapta al cambio de los fundamentos del jardín, pero el principio del jardín permanece constante: acercarse lo más posible al paraíso.[2]

Notas

1. La palabra 'jardín' viene de la germánica *Garten*, que significa "cercado" (*Hortus conclusus*).

2. Paraíso: del latín *paradisus*, del griego *paradeisos*. Esta palabra griega viene del persa *pairidaeza*, "cercado", de *pairi*, "alrededor" (que en griego dará *peri*), y de *daeza*, "muralla". El paraíso o el edén es, así pues, en primer lugar, una fortaleza, un lugar de protección.

II

El cercado y la medida

Si el primer jardín nace con la historia de la sedentarización de los pueblos, la primera organización en el seno mismo del jardín y, por consiguiente, las primeras manifestaciones del arte de los jardines nacen con él. Esta hipótesis contradice una idea compartida sobre el jardín como espacio de relajación, ociosidad, placer, representación y lujo. "Todos los jardines son fruto del ocio", escribe Derek Clifford, como si el jardín fuera el privilegio de una casta aburrida, dispuesta a la extravagancia para entretenerse. Clifford insiste: "En los jardines no hay lugar para una sociedad que debe emplear toda su energía para sobrevivir".

Si el planeta Tierra constituye en efecto el territorio de caza y recolección de la humanidad primitiva (el primer "jardín planetario"), si el primer cercado destinado a proteger los frutos y las hortalizas constituye en efecto el primer jardín de la historia, podemos medir hasta qué punto las sociedades que inventaron este lugar de acogida —el huerto, el vergel— emplearon en ello toda su energía, ya que, precisamente, se trataba de supervivencia.

Todas las fantasías de la historia, todas las utopías teatrales cargadas de fuentes y grutas, no lograron borrar la urgencia y la legitimidad del huerto. A través de sus fastos, la propia historia siempre ha reservado un lugar escogido al jardín alimentario. Los escasos documentos que relatan la organización de los jardines de Tebas muestran cómo el papiro, la palmera datilera, la higuera, los estanques y las aves de corral se dividen el terreno alrededor de una viña bien ordenada. Las terrazas de la Alhambra ocupadas con almendros, cerezos e higueras descendían hasta los cultivos de hortalizas, al pie de los olivos. Si exceptuamos los juegos de fuentes destinados al pavoneo, el jardín más técnico y más eficaz de los jardines de Versalles es el Huerto del Rey. Estos ejemplos atraviesan las épocas y nos llevan hasta finales del siglo XIX, cuando la sociedad pudibunda esconde su tráfago, su sexo y sus miserias. Esconde su huerto detrás de muros altos, siente vergüenza de los gestos ancestrales y del trabajo manual. Se pone en manos de la máquina. Si, por casualidad, se echa un vistazo al huerto es para dar una orden y no para trabajar en él. Se conserva el traje y se mantiene la distancia, este es el espíritu de la época. La naturaleza es confusa; o se la detesta o se idealiza: no se vive con ella. Se mira la vida como si fuera un cuadro, el jardín como un decorado bien arreglado, el huerto como un espacio técnico obligatorio.

Y, sin embargo, es ahí donde empezó todo. Precisamente ahí nace la alineación, el orden, la cadencia, la distancia entre los planos, la perspectiva. En el huerto, territorio de excelencia, es donde todo se organiza alrededor de un punto central: el agua. Esta configuración —el estanque central— regula el espacio y da a la figura del jardín un aspecto radiante: los puntos más alejados del terreno equidistan todos del agua. En el huerto es donde se crean los lugares de protección y tolerancia, los bastidores, los invernaderos, los cobertizos, los subterráneos donde se cultivan champiñones y endivias, las tapias, los muros de contención donde se inventan las podas y los tratamientos, los estanques donde crecen los berros, donde viven los peces. En los márgenes del huerto, en las zonas abandonadas enriquecidas por el compost, se refugian las ortigas, la consuelda y la cola de caballo: ingredientes de la jardinería utilizados para los cuidados mucho antes de que una legislación puntillosa, sometida al mercado, llegara para codificar su uso. En el huerto, y solo ahí, el jardinero atento a la economía de gestión máxima procede al reciclaje de los desechos y las energías.

Todo está ahí en potencia: lo útil y lo fútil, la producción y el juego, la economía y el arte. Del huerto nacen todos los jardines, atraviesa el tiempo y contiene el saber. En el campo, la palabra 'jardín' solo designa un huerto, el resto es paisaje; cuando este es objeto de una organización, se habla de 'parque'.

Tres huertos históricos —tres cercados, tres medidas— marcan las etapas de un pensamiento que, desde el Renacimiento hasta la Revolución francesa, expresa una progresión del papel del huerto en Francia, que va desde el simple ordenamiento de las plantas cultivadas hasta la economía política de dicho dispositivo.

En Villandry, a principios del siglo XX, el doctor Carvalho rehace las terrazas históricas que sus predecesores habían sustituido por un plano inclinado. De este modo, redefine las funciones establecidas en el siglo XVI por Jean Le Breton, ministro de Francisco I: una terraza alta con césped y árboles alineados, una terraza intermedia a la altura de la última planta del castillo, una terraza baja que acoge el gran huerto convertido en el tema principal del jardín y un último nivel más bajo destinado a los animales, como gallinas, caballos y perros de caza. De este modo se rehace el orden doméstico francés tal como lo concibieron los benedictinos: "El patio bajo o corral está abajo, el patio delantero está más arriba y el patio alto aún más arriba".

Con su composición rigurosa, sus parterres de hortalizas y flores, sus juegos de niveles y todos los sofisticados artilugios de un navío autónomo —cenadores, almacenes, invernaderos, bancos—, Villandry parece flotar sobre las contingencias, como si todo su gobierno, expuesto a la vista, mostrara permanentemente la legitimidad de un dominio absoluto del ser humano sobre la naturaleza. Para esta arrogancia hace falta altura, terrazas y una vista en picado en la que lo menos apreciado se encuentra situado en el lugar más lejano: "Gracias a esta disposición, propietarios, transeúntes y animales se colocaban cada uno en su lugar, el que Dios les había asignado. En el siglo XIX, este plan tan ordenado fue abandonado. Los niveles que concretizaban la utilidad práctica de cada patio fueron sustituidos por un único plano inclinado, de tal modo que imperceptiblemente los hombres empezaron a deslizarse hacia las caballerizas mientras que los animales, sin esfuerzo, pudieron perderse en los salones. Ya conocemos el desorden que ello provocó", y Carvalho "terminaba su exposición con una sonora carcajada".

De esta manera, el doctor Carvalho consideraba la organización y la jerarquía de los espacios como un sistema a la vez transparente y cerrado donde era posible entreverse sin encontrarse, donde cada nivel era objeto de un control y una jardinería distintos en relación con la identidad buscada —patios alto, medio y bajo—, y donde la clasificación de los seres, avalada por el propio Dios, hallaba su expresión y mostraba belleza. ¿Villandry, huerto pervertido, pone su esplendor al servicio de una ideología de otro tiempo, o se conforma con ofrecer un espectáculo de hortalizas y flores a los turistas de paso?

De forma más general, ¿un jardín extraordinario es un producto de consumo de la industria del turismo, un lugar de producción e ingeniería, o un lugar de equilibrio entre el cuerpo y el espíritu, jardinería e investigación?

El Huerto del Rey de Versalles escapa de las clasificaciones limitadas. Jardín de la Escuela Nacional Superior de Hortocultura (ENSH), y más tarde del Paisaje (ENSP), territorio experimental, lugar de producción y visitas comentadas, el Huerto del Rey mantiene sus funciones de jardín alimentario conservando el trazado original, que parece no envejecer. Jean de la Quintinie, nombrado intendente de frutales en 1673, dibujó un plano cuadrado vacío, rodeado de terrazas y muros. El riguroso dispositivo se organiza a partir de un estanque central según una lógica de distribución del agua. Un chorro vertical, sin utilidad para la función del jardín, recuerda que este conjunto de producción destinado a la mesa del rey está relacionado con el prestigio y el fasto del castillo. La carretera de Saint-Cyr separa el parque del estanque de los Suizos y del huerto situado delante del invernadero de naranjos. Un grabado de época —*Vista y perspectiva del huerto de Versalles por Aveline con Privilegio del Rey*— muestra el dispositivo en su estado original.

El huerto estaba organizado alrededor y a partir del cuadrado central, en una serie de compartimentos definidos por muros, atravesados a su vez por una serie de puertas alineadas. Los huecos y los muros protegían de los vientos y permitían reflejar y captar el calor, el cultivo y la fructificación de árboles precoces. En el huerto se inventó la poda de gancho de los albaricoqueros, rivalizando con la producción de los muros de melocotones de Montreuil; bajo tierra se cultivaban champiñones de París en montones de estiércol cubiertos de *terre à bogueter*, una mezcla de arcilla y piedra caliza molida; allí se colocaban semilleros en cama caliente bajo bastidores para forzar el cultivo de hortalizas y frutas del sur: melones, higos, etc., y por todas partes el trazado de parterres bordeaba los paseos con espalderas de manzanos y perales.

Once compartimentos recorrían el lado sur del cuadrado central. En ellos se experimentaba con distintas podas de frutales: husos, cordones, abanicos, pirámides, palmas... Desde la época monárquica, algunos muros se han desplomado. De los once solo quedan cinco compartimentos, pero, el mayor de ellos, situado en la esquina suroeste, todavía se denomina "El último de los once". Allí se colocaban los compostajes, las reservas y, una o dos veces al año, se utilizaba el espacio para las fiestas de los estudiantes. El grabado de Aveline —una vista imposible, en picado, desde un relieve del terreno que no existe en realidad— muestra los once compartimentos sin árboles ni jardineros, y con algunas personas con trajes elegantes paseando por los caminos del huerto. El grabador representa el orden y el vacío: el marco arquitectónico e institucional. No hay suciedad alguna, ni ninguna hortaliza visible, ni ningún obrero trabajando; en aquella época, el jardín es todavía un cuadro reglado en homenaje a la razón. En él, la naturaleza, confusa, mal ordenada, se combate y se expulsa.

Quienes hoy visitan el Huerto del Rey se asombran ante el contraste que produce el rigor del marco y el aparente abandono de los suelos por donde circulan las carretillas con motor y los jardineros. Algunos espíritus melancólicos se quejan —antiguos alumnos que vienen en peregrinaje—, y ven una señal de dejadez en la hierba que ha crecido a hurtadillas en los caminos arenosos. Estos visitantes no han llegado a las páginas recientes de la historia. Mientras que algunos buscan una hortaliza cultivada en condiciones aceptables para el medio ambiente y el ser humano, estos buscan una imagen. Los tiempos han cambiado. Ahora el mismo terreno es ocupado por veinte veces menos jardineros; los herbicidas nocivos han sido sustituidos por tratamientos mecánicos imperfectos, que dosifican la vida allí donde es urgente que aparezca sin trabas ni venenos. De otro modo, ¿cuál sería la misión de un huerto? ¿Es necesario volver al grabado de Aveline, olvidarse del contenido, el saber acumulado, las técnicas, los inventos, para limitarse a la forma, al paisaje únicamente?

De los tratados de los Dezallier d'Argenville a los catálogos Vilmorin, dos siglos de puesta a punto de los cultivos muestran cómo la combinación de técnicas manuales y de la diversidad vegetal se ha ido poniendo progresivamente a disposición del huerto, para todos los tipos de suelo y todos los climas, en víspera de la Revolución industrial.

Sin pretender volver a prácticas pasadas, la "era ecológica" intenta desarrollar una jardinería de reparación de los desastres cometidos por la gestión industrial de los suelos, la explotación obligada y la economía cortoplacista. También intenta elaborar un nuevo pliego de condiciones en el que el recubrimiento del suelo, los restos vegetales triturados y los productos naturales sustituyan las prácticas contaminantes y esterilizadoras. ¿Puede el dispositivo formal de un jardín ecológico acomodarse al trazado histórico y principesco de otro tipo de jardín en el que la pompa prima sobre la función?

En el huerto de La Roche-Guyon se plantea esta cuestión. Un proyecto, que nos encargaron a mí y a un equipo, intenta conjugar el rigor de un jardín del siglo XVIII con las técnicas avanzadas de la gestión ecológica:

> Al oeste de Mantes, a orillas del Sena, mirando hacia el sur, el conjunto imponente de La Roche-Guyon, adosado al acantilado de roca caliza, ocupa el paso estrecho de la ribera, preside el espacio de alrededor y resiste al tiempo.
>
> El torreón, antaño destinado a alertar de cualquier acercamiento, sirve actualmente de hito en el paisaje suave de los meandros del Sena. Emerge de un pequeño relieve fruto de la erosión producida por el río del zócalo sedimentario; culmina el paisaje vertical y breve cubierto de árboles apretujados sobre el que se destaca e ilumina el castillo.
>
> Un huerto enorme, extravagante, fuera de toda regla, colocado delante, se ofrece todo él a la vista desde las plantas superiores del castillo: su trazado minimalista, sus triángulos incómodos, sus caminos sobredimensionados, su forma de otro tiempo, depurada, geométrica, lisa y, sin embargo, subversiva.

El jardín alimentario, de pequeñas dimensiones, aunque hecho con gran técnica, a menudo escondido detrás de un muro bien construido contra el que se cultivan en espaldera los frutales, situado en la parte baja, en segundo plano o a un lado: así era el modelo y la costumbre. Aquí está en forma de parterre, de marco bien reglado, en posición noble, con papel protagonista. ¿Qué quería decir La Rochefoucault?

La historia de La Roche-Guyon en su período más singular coincide con el espíritu de las Luces. Los acondicionamientos más sobresalientes se remontan a la época en la que el duque Alexandre (1690-1762) se exilió a sus propias tierras en 1744, prefiriendo el aislamiento de la provincia a los compromisos de la corte. Una disputa de alcoba lo enfrentó al rey. Expulsado de Versalles, en tanto que fisiócrata y filántropo ilustrado, puso todo su empeño en construir un proyecto de autarquía y modernidad, una especie de utopía social mezclada con humanismo de la que el pueblo de alrededor se benefició de inmediato. El Gran Huerto desempeña en dicho proyecto un papel clave. Su hija, Élisabeth de La Rochefoucault (1716-1797), duquesa de Enville, llevó a cabo las investigaciones y los experimentos, se interesó por el cultivo de la patata con fines panaderos, por una posible vacuna contra la viruela, fomentó la cría de gusanos de seda, abrió una escuela gratuita, una hilandería... Su hijo, el duque Louis-Alexandre de La Rochefoucault d'Enville (1743-1792), hombre político cuyo destino se vio afectado por la Revolución francesa, se convirtió en miembro de la asamblea de notables, diputado de la nobleza de París en los Estados Generales. Fue uno de los primeros en unirse al tercer estado, en plantear la cuestión de la libertad de los negros, en votar a favor de la abolición de las órdenes religiosas, la venta de los bienes del clero y la libertad absoluta de la prensa. Sin embargo, murió asesinado por haber apoyado al rey. ¿Es posible ser a la vez fiel al duque y al revolucionario?

El huerto, por sí solo, traducía una política voluntariosa y, a pesar de su trazado autoritario, un espíritu de libertad. Instalado para producir, mejorar y experimentar, se destinaba al reparto y a la mejora de las condiciones de vida: mezcla de dominio, fisiocracia y humanismo generoso que hizo que los enciclopedistas dijeran que los duques "utilizaban su fortuna con inteligencia". El duque Louis-Alexandre poseía entre otros títulos el de presidente de la Académie des Sciences y de la Société Royale de Médicine.

Las hortalizas llegaban de todas partes y se cultivaban allí con el fin de aumentar las especies alimentarias y ponerlas a disposición de la población.

Lo que entonces correspondía a una diversificación de los recursos alimentarios se asemeja a lo que hoy denominamos, de forma global, la diversidad, que asocia las especies naturales con las cultivadas, los híbridos y las variedades mejoradas.

La reconstitución del huerto de La Roche-Guyon en su forma inicial coloca a los gestores (pues es una institución pública) ante un problema de difícil solución: ¿cómo llevar a cabo el mantenimiento de un jardín de cinco hectáreas, de las cuales la mitad son de un suelo arenoso que requiere una eliminación severa y constante de malas hierbas para mantener el trazado de su geometría pura, con un efectivo de mano de obra diez veces inferior al que tenía en su época? Para el arquitecto de Monumentos Históricos, lo único que prevalece es la imagen, lo que se haga dentro del jardín importa poco. Desde las ventanas del castillo tiene que poder leerse a la perfección el dibujo imaginado por los fundadores del huerto; la más mínima alteración provocada por el crecimiento de hierbas en algunos caminos, por ejemplo —algo que reduciría el mantenimiento a la mitad—, es objeto de un rechazo categórico: él se cree el príncipe. Sin embargo, ¿qué diría hoy el príncipe, el verdadero, aquel cuya preocupación humanista le llevó a prever un lugar de producción e innovación horticultoras destinadas a la población de los alrededores? Nos dan el jardín de la historia sin darnos a los jardineros que van con él. Sustituir la mano de obra trabajadora por la química devastadora no es una solución. Hay que preservar el diseño y al mismo tiempo producir y no contaminar. Este reto improbable en manos de un equipo voluntarioso e imaginativo da lugar a una obra inesperada en la que la coacción de la forma —que se ha vuelto absurda en el contexto ecológico— debe ser sublimada sin ser ignorada. Todo el trabajo consiste en mantener un dispositivo formal obsoleto y privado de sentido, desarrollando al mismo tiempo, en la cobertura, un dispositivo técnico adaptado a nuestra época.

El huerto de Roche-Guyon ilustra perfectamente el problema del jardín (del jardín en general) ante la historia y el patrimonio. El patrimonio no sería más que una herencia si no estuviera congelado en la figura del pasado. Se podría hacer uso de él como se quisiera. El "patrimonio histórico" prohíbe esta libertad. La arquitectura, incapaz de evolucionar por sí misma, hecha de elementos inertes cuyo futuro es la ruina, se opone aquí a la naturaleza inventiva organizada según relaciones biológicas en constante evolución. El jardín, hecho de elementos vivos en diálogo permanente con el jardinero, supone una coevolución permanente de los seres de la naturaleza con los humanos afectados. Bajo cualquier enfoque, se constata hasta qué punto el jardín resulta incompatible con la noción de museo. Por ello, con el paso del tiempo, no deja de cambiar de forma. Aun así, ¿tendría que reducirse la historia del jardín a la historia de las formas?

III

El jardín vertical

Sentados en los tres escalones que sirven de zócalo a todos los edificios balineses, esperamos la señal que nos permitirá empezar a almorzar, con la mirada puesta en los jardines. No tiene ninguna gracia ver cómo come el otro. Aquí la imagen de los dientes te reenvía a los demonios. Nos damos la espalda. No empezaremos a almorzar hasta que Ida Bagus Madé Sena, el más joven de todos nosotros, decida atacar el *nasi-goreng*, un plato de arroz con carnes mezcladas. Los más hambrientos están al acecho de los más mínimos gestos del brahmán; empleo este momento de presencia para contemplar el lugar.

Más allá del estanque de lotos, un *candi* (una puerta sin dintel) se eleva por encima de la muralla esculpida en arenisca, una piedra negra recubierta de líquenes. Domina el paisaje, montaña abierta en dos, dejando paso a los humanos entre los montantes lisos y erigidos hacia el cielo. Quien cruza el umbral se comunica con los espíritus del monte Meru, territorio de los dioses: este es el símbolo heredado del hinduismo en la época en la que, hacia el siglo XI, los príncipes de la India conquistadora imprimieron en el animismo reinante en la pequeña isla una marca religiosa nueva que aún perdura, a pesar de que el islam sea la religión hegemónica en Indonesia.

En principio, un *candi* es el acceso a un templo. Únicamente los sacerdotes utilizan este paso central, los fieles entran por puertas laterales. El *candi* que tenemos delante pertenece a una casa principesca de Ubud, y aísla la vivienda del jardín, al que pueden entrar los turistas. A sus pies una plataforma elevada se adentra como una península en el gran estanque. Su forma cuadrada contradice sin perjuicio la escultura de esta terraza modesta, cubierta de hierba, cuyo sostén, de un extremo a otro, dibuja una tortuga.

Dedawang (la tortuga) transporta el mundo. Antaboga, la serpiente, rodea el caparazón, da el soplo de la vida. Para comprender el jardín balinés hay que leer el paisaje empezando por su base: el agua turbia y fangosa de donde nacen las flores. Por encima del pantano (por encima del cosmos móvil y misterioso) flota la tortuga hecha de un bloque único a prueba del mundo. Inmortal. La serpiente de la vida engendra la diversidad. Sobre este edificio todo se agrega y se eleva alcanzando el éter: así es el *candi* que organiza el espacio a través de su presencia vertical y decidida. El estanque de aguas turbias, espacio de incertidumbre, acoge a los peces, las anguilas de arrozal (*lindung*), las larvas de libélula (*capung*), todo un mundo animal, pero sobre todo acoge a *orti-bunga*, el loto gigante, la flor sagrada. El cormo comestible del loto genera el follaje flotante y luego, gracias a una energía que el pensamiento budista atribuye a la "voluntad natural de las plantas", produce un follaje aéreo por encima del estanque para alcanzar el espacio donde se desarrolla la flor. La flor domina el conjunto; la yuxtaposición de los planos produce un horizonte suave de matices rosas y amarillo pálido. En el momento en el que almorzamos, dándonos la espalda, este paisaje de apariencia frágil se impone y nos absorbe. En medio un silencio roto por el canto de las cigarras y el grito de los pájaros, pertenecemos al paisaje.

De este modo se resume el jardín: una flor, el loto, que remite al conjunto de especies cuyo modo de vida explora a la vez el suelo, el agua y el aire, las tinieblas y la luz. A pesar de que la originalidad de las formas y los ornamentos haga que parezca un conjunto de arquitectura erudita, en un jardín como este en realidad no hay preeminencia alguna de la arquitectura sobre la vida. Se organizan los pasos y los puntos de vista, los cercados sucesivos, los árboles y las sombras, pero el dispositivo central, a partir del cual todo se deriva, depende del loto y de la tortuga cosmofora. *No existe otro jardín que se lea tan explícitamente de modo vertical.* Aquí no exploramos la profundidad del espacio, ni la fuerza de las perspectivas, ni el poder de la razón sobre el caos; es la tensión permanente —intemporal, sin escala precisa, sin necesidad de estilo, sin límite de espacio— la que nos somete a la materia (el suelo), liberándonos de ella para alcanzar, en el arcaico esplendor de una flor, todo lo que puede reducirse a los valores del espíritu: lo inmaterial.

La fuerza de un jardín como este proviene de que nunca está contenido en un envoltorio formal sujeto a las convenciones, a las referencias y al estilo de una época. Es un *jardín mental* capaz de integrar las violencias de la modernidad sin perder su unidad. Es mental y vertical, directamente opuesto a las extensiones de Occidente, donde el poder se mide según la posesión del terreno.

Si comparamos el jardín vertical asiático con los jardines que actualmente se denominan "verticales", vemos por un lado la complejidad de una construcción física y metafísica que responde a una cosmogonía en la que se representa el equilibrio del yin y el yang, y, por el otro, la sofisticación de un ornamento que responde a una estética en la que un manto de suelo se convierte en revestimiento mural.

El yin y el yang, ausentes del sistema de referencias culturales de Bali, aparecen, sin embargo, de manera no formulada en la vida cotidiana. El sistema de ofrendas se refiere a ellos directamente. Tanto si se trata de puertas de acceso a los templos y a las casas principescas (*candi*) como de puertas domésticas provistas de dinteles (*lawang*), todas estas construcciones de gran importancia contienen dos nichos para ofrendas colocados delante de cada jamba. Uno recibe las ofrendas destinadas a los dioses que velan por el pasaje y la iniciación —consideradas etapas peligrosas en la vida de los seres humanos—, y el otro recibe las ofrendas destinadas a los demonios, puesto es necesario apaciguar tanto a unos como a otros, apaciguar las tensiones entre el bien y el mal, entendidos como un conjunto indisociable, ambos inherentes a la realidad ambivalente de todo lo humano. Una de las jambas de la puerta no excluye a la otra —el bien no excluye al mal—, pues en ese caso la puerta en sí no existiría.

Leer en vertical los componentes del universo y aceptar la unidad de los preceptos opuestos constituyen las vías de acceso al pensamiento de Extremo Oriente. Esta visión del mundo se expresa mediante una carga barroca, una estética expresiva y compleja en los edificios y los jardines del indobudismo balinés, mientras que encuentra una expresión depurada y minimalista en el jardín zen, herencia tardía del pensamiento chino, cuya forma más completa y famosa se da en Japón, en el jardín de Ryioan-Ji de Kioto. Una serie de piedras-islas destaca sobre un mar de arena rastrillada. Cada una de ellas es una montaña poderosa que une el fondo de los océanos con el cielo de nubes. El conjunto está contenido en un rectángulo de pocos metros cuadrados. Este recinto monástico, actualmente abierto al turismo, se asemeja a un mandala —objeto de meditación— en el que el espíritu calmado de quien medita se obliga, sea como sea, a una posible y cotidiana revisión del mundo: el viento desplaza la arena que debe ser rastrillada de nuevo para simular correctamente el inmutable movimiento del mar.

Puesto que para esta visión del mundo el movimiento es indefinidamente reproductible, igual a sí mismo, y está condicionado por el pensamiento en una justa medida de las cosas, no es conveniente romper este equilibrio.

Al penetrar en el jardín del Maestro de la Redes de Suzhou, en la antigua residencia imperial al oeste de Shanghái, me encuentro con un hombre meditando. Sentado en la postura del loto delante del jardín del buda inmóvil, se expone a los sonidos, las luces y los perfumes como si estos no pudieran en modo alguno alterar su humilde postura. Tiene los ojos cerrados; al acercarme se diría que no respira. Es un hombre de cera. Observo su lugar en el mundo; parece reinar sobre sí mismo. El silencio que lo habita se impone al espacio inmediato y lo somete hasta en sus más mínimas dimensiones. Si cualquier tipo de violencia —un arma, una amenaza— se acercara desde el exterior, sin duda se rompería al chocar con la burbuja que lo protege. El jardín también contiene la respiración. Luego los pájaros empiezan a cantar. El hombre se levanta sin esfuerzo, ajusta su delgadez a las ropas holgadas, se alisa la barba gris y se va.

Solo queda el decorado inmóvil hecho de piedras seleccionadas, solidificadas en el ideal de un paisaje tomado de lo lejano. Un jardín no puede prescindir del jardinero. En el jardín del Maestro de las Redes de Suzhou, el espacio de meditación, privado de la presencia de quien medita, se aniquila a sí mismo para ofrecer por separado, como en un libro de recetas, los ingredientes de su composición. El agua, las rocas, los árboles podados, los senderos, la lámpara esculpida en caliza blanda... El *Sakutei-ki*, libro secreto del jardín japonés, no sería más que un catálogo sobre la mejor manera de poner en pie o tumbar las piedras si no nos diéramos cuenta de las razones profundas que justifican un artificio tan hábil. "¿Qué es un jardín? —se pregunta el autor anónimo de *Sakutei-ki*—. Uno de los medios de que dispone el ser humano para alcanzar el Gran Despertar; es decir, el conocimiento de la realidad que está más allá del sueño".[1]

Si bien es cierto que el jardín se dirige al espíritu, entonces el jardín asiático, tendido entre la roca y el cielo, llega a él directamente. Así es el jardín vertical. En Occidente, el excelente paraíso se desarrolla sobre el suelo, repta hasta el horizonte, y, solo al final de esta larga perspectiva, las líneas de fuga se yerguen y designan por fin el objeto de toda esperanza, el éter límpido o tumultuoso, el misterio, el sueño, lo desconocido. En Versalles, este último esfuerzo aparece en el extremo del gran canal, hacia el oeste, donde dos álamos negros, colocados a ambos lados del eje central, proyectan las líneas diseñadas por el arquitecto en el universo incierto de las nubes. Para quienes quieran comprobarlo, les aconsejo que permanezcan en las terrazas superiores para sentir la fuerza del proyecto concebido para ser visto desde lejos. Acercarse físicamente a la conclusión sublime equivaldría a meterse entre las bambalinas del teatro y darse cuenta de que la promesa es un espejismo. Así es el arte de la apariencia.[2]

Para alcanzar el mismo objetivo, ¿es posible que una civilización haya elegido extraer del ser humano el poder del viaje mental mientras que la otra, fascinada por la imagen, se haya conformado con una geometría hábil consagrada a la ilusión?

En realidad, la parte dedicada al "teatro" ocupa un lugar igualmente considerable en ambos jardines. Toda una reserva de civilización —ya estemos en Oriente o en Occidente— otorga al jardín el papel de médium destinado a desvelar lo invisible. Se trata de colocar al ser humano en el cosmos, y no en la naturaleza. En ningún caso, la figura del ser humano como ser de naturaleza encuentra una ocasión para emerger de estas visiones del mundo.

En tales condiciones, ¿qué lugar ocupa el jardinero? ¿Es un intercesor, un traductor del lenguaje hermético de la naturaleza, un cultivador de zanahorias o un *yogi*?

Notas

1. El *Sakutei-ki* [Libro secreto del jardín] es un manual de jardinería escrito en el siglo XII.

2. Sobre este tema, véase: Beaussant, Philippe, *Versailles Opéra*, Éditions Gallimard, París, 1981, cuyo autor muestra los puntos de convergencia entre la ópera, el teatro, el arte de la apariencia y la carga barroca en un jardín del siglo XVIII como el de Versalles.

IV

La visión romántica

"Quien no necesita colocar los brazos de otro al final de los suyos es realmente libre". Esta es la frase que Jean-Jacques Rousseau grabó en la cabaña de Désert, una gran zona asilvestrada y luminosa del parque de Ermenonville. Para mí, el menos desértico y precisamente el más libre.

Rousseau se conformaba con admirar el paisaje de estas landas arboladas que se extienden por encima de un lago al que acuden las aves acuáticas y algunos pescadores. Rousseau no era un romántico sometido a la estética dramatizada de la naturaleza. Proponía la autonomía, era un revolucionario.

Rousseau viajó a las tierras del marqués de Girardin en junio de 1778: "Hacía tiempo que mi corazón me hacía desear venir aquí y mis ojos me hacen desear quedarme para siempre". Seis semanas después muere allí. Seis semanas para asombrarse ante la organización de las sombras y las luces, una diversidad de paisajes boscosos, de colinas y lagos en un lugar dedicado al espíritu en el que se erige un templo a la filosofía. Seis semanas para hacerse con el paisaje exacto y suficiente para el equilibrio del animal humano. Equilibrio del alma: el parque de Ermenonville no es una tierra productiva; es un ecosistema del apaciguamiento.

¿Es posible sacar lecciones de libertad?

La Revolución francesa estalló tres años después. La tumba del filósofo ocupa el centro de la Isla de los Álamos, se convirtió en cenotafio en 1794, fecha del "traslado de los restos" al panteón. Entre los numerosos visitantes de Ermenonville, el pequeño Bonaparte declaraba:

> —Hubiera sido mejor para la tranquilidad de Francia que este hombre no hubiera existido.
> —¿Y por qué, ciudadano cónsul? —pregunta Girardin.
> —Él preparó la Revolución francesa.
> —Me parece, ciudadano cónsul, que no le toca a usted quejarse de la Revolución.
> —¡Vaya! El futuro nos dirá si no hubiera sido mejor para la tranquilidad de la Tierra que ni Rousseau ni yo hubiéramos existido jamás.

Los napoleones de la historia detestan la libertad, los lemas de la república no les convienen. Al menos este lo expresaba con un lenguaje claro. Rousseau el revolucionario contribuyó a un cambio de mirada sobre el universo perceptible del ser humano, sobre su paisaje, lo que actualmente denominamos con algo de distancia e inquietud "el medio ambiente". Sin embargo, el medio ambiente adecuado, aquel en el que inconscientemente escogió acabar sus días es un artefacto, un jardín.

Cuando Luis XIV decidió transformar el pabellón de caza de Versalles en una vivienda real, llamó a André Le Nôtre, quien tan bien sabía manejar el agua. Le Nôtre hizo un canal (1685) del *pantano*, una obra maestra de arquitectura. Del *pantano* de Ermenonville, René-Louis de Girardin hizo un lago (1763), un "elemento de naturaleza" en el que el agua no solo desempeña el papel de espejo, sino que también acoge a la fauna y la flora; coloca la vida por delante de la forma.

Casi un siglo separa estos juegos de pantano. Dos paisajes, dos visiones del mundo. En uno se domestica la naturaleza, en el otro se le da acomodo. Todavía nadie se plantea dejarla tranquila. Al igual que otros grandes jardines de su tiempo, Ermenonville magnifica y dramatiza los elementos de naturaleza, pero todavía no asume toda su complejidad. Nada permite que los jardineros de ese final del siglo XVIII evalúen la fragilidad de las relaciones entre los seres vivos. Sin embargo, es ahí, en ese momento que supuestamente está dedicado al romanticismo ortodoxo de la época cuando se forjan las bases de lo que nacerá más tarde bajo la forma de una ciencia, y luego de un sueño y una política: la ecología.

Mientras tanto, Ermenonville es un cuadro. Me han preguntado mi opinión sobre este jardín. ¿Hay que dotarlo de un programa de "actividades", interpretarlo según una pedagogía bien calibrada, ofrecerlo más bien a la interpretación de artistas contemporáneos, pintarlo de verde fluorescente para hacerlo "duradero" o sencillamente mirarlo con simpatía de nuevo preguntándonos únicamente por la poesía del lugar? Girardin, autor del libro *De la composition des paysages, ou Des moyens d'embellir la Nature autour des Habitations en joignant l'agráble à l'utile* (1777), no limita su obra al embellecimiento de las inmediaciones del castillo, sino que invita al espíritu a confrontarse con las palabras grabadas en los edificios del parque. Las Luces y la Revolución naciente se reúnen en este curioso templo de la filosofía, voluntariamente inacabado para significar la imperfección de los conocimientos humanos. Dedicado a Michel de Montaigne, "que lo dijo todo", se apoya sobre seis columnas toscanas, cada una dedicada a la memoria de un gran hombre "que fue útil para sus semejantes a través de sus escritos o sus descubrimientos". Isaac Newton, René Descartes, Voltaire, William Penn, Montesquieu, Rousseau... Entablamentos y fragmentos de columnas yacen en el suelo, a la espera de que los genios futuros los pongan en pie...

"Es mucho más fácil obtener un lugar en la Académie que ser merecedor de una columna en Ermenonville".[1] Se ha previsto otorgar una a Benjamin Franklin, que no está, y yo vería con buenos ojos que se dedicara alguna a Jean-Baptiste Lamarck o a Henri Laborit.

Ermenonville se presenta como el primer jardín francés que rompe con el orden clásico para inspirarse en el modelo inglés. Se quería crear un "jardín de la naturaleza", y, según Ernest de Ganay, los enciclopedistas "alentaban esta perversión del gusto".

Se trata de arte, no de naturaleza. John Dixon Hunt llama "tercera naturaleza" al arte que consiste en mezclar a los seres de la naturaleza salvaje (*wilderness*), o "primera naturaleza" según Cicerón, con la arquitectura y el artificio. La "segunda naturaleza" no figura en el arte de los jardines del siglo XVIII, y atañe al paisaje agrícola y su origen está en una domesticación utilitaria de la naturaleza. Podría aplicarse a los huertos, los vergeles, los jardines de plantas condimentarias que acompañan en todo momento al parque y al jardín ornamental.[2]

Si actualmente ya no se trata de ordenar los efectos de naturaleza según un grado de artificio humano, es porque la propia palabra 'naturaleza' se cuestiona. Primera, segunda o tercera naturaleza ya no significan nada, está solo la naturaleza, un conjunto vivo que incluye sin distinción a los seres humanos, las plantas y los animales, pero también a las rocas, los vientos, el agua, los mecanismos ordinarios del planeta considerado como un ser vivo. Existe un ecosistema planetario en cuyo seno el ser humano cultiva la tierra con más o menos habilidad. Isabelle Stengers atribuye la creación de la palabra 'naturaleza' a los griegos antiguos, preocupados por sustraer a los dioses y a la superstición el medio ambiente complejo que ellos deseaban estudiar con la objetividad de la ciencia.[3] De una situación de fusión con la naturaleza, en la que la palabra que designaba lo vivo externo a la humanidad no merecía existir, hemos pasado a una situación de distanciamiento en la que la humanidad iluminada, todopoderosa y sabia, enuncia los componentes de la naturaleza, los clasifica y los ordena en familias, los utiliza a su antojo, los transforma y los somete. Se ha convertido en la propietaria de los elementos, de las energías y de lo vivo..., o eso es lo que cree ella. Desde mediados del siglo XX, la ecología —considerada como un acontecimiento en la historia de la relación del ser humano con su entorno, pero también en la historia del pensamiento— trastoca sus creencias. La humanidad ya no está por encima o en el centro de un sistema que ella domina, sino en estado de inmersión en él. No puede extraerse de él.

Girardin creó Ermenonville inspirándose en los jardines ya existentes en Inglaterra, en concreto el de Laesowes, cerca de Birmingham, cuya poesía lo emocionaba. Ermenonville y todos los parques de la misma inspiración —Retz, Méréville, Jeurre— se dirigen al "humano sensible", a quien otorgan el estatus de soñador. ¿Qué es el humano sensible sino aquel que percibe de manera íntima las señales que proceden de otro o de un entorno con el que, inconscientemente, se identifica?

En aquella época, el sueño incluye lo extranjero, se nutre de exotismo. Se aclimatan plantas llegadas de lejos, se crean paisajes prestados, lo "chinesco" invade los parques. Se codea con ruinas y fábricas, los artistas despliegan su talento en la arquitectura de un pozo de hielo en forma de pirámide (Retz), la elegancia de un puente, el realismo de una gruta (Méréville, Blanquefort, Buttes-Chaumont) o el curso de un riachuelo salpicado de cascadas y accidentes "naturales". Estos paisajes llaman la atención de los príncipes, cansados de la reiteración del orden clásico. Cerca de Versalles, el Désert de Retz, apreciado por las gentes de la corte, vivió un éxito importante durante la década que precede a la

Revolución francesa. La reina María Antonieta le había cogido cariño, y en 1789 se convirtió en un paseo de la moda. No lejos de Étampes, en Méréville, se desvió el río Juine para redirigir la corriente y crear embalses. Hubert Robert ejecutó el proyecto del marqués Jean-Joseph de Laborde insistiendo en los encuadres de una orilla a otra de este relieve suave (1786). El arte del jardín, confiado al arquitecto jardinero, pasa a manos del jardinero artista. El jardín pintoresco es deudor de la idea de cuadro. En Sheffield, en Kent, un hueco oval en la gruta permite ver un paisaje elaborado "como lo haría un pintor", flotando sobre el lago. El punto de vista y, sobre todo el encuadre, sustituyen la perspectiva. Mientras que el punto de vista se descubre durante el paseo, la perspectiva impone el eje de visión. Contrariamente a la perspectiva, el punto de vista no busca el horizonte, inspecciona el paisaje y, a veces, por la lógica de los relieves, se vuelve sobre sí mismo. Méréville es un ejemplo de mundo cerrado, idealizado, un claro para soñar, perfectamente desconectado de las mesetas ventosas de Beauce, donde ya, desde la época de Laborde, se cultivaba el trigo.

"En Méréville, el jardín ha enmudecido y la poesía se ha hecho luz",[4] escribe Monique Moser en un giro elegante para describir el abandono en el que se encuentra el parque a principios del siglo XXI. Este enmarañamiento de naturaleza y ruinas se adecua al espíritu del lugar y del proyecto en un estado de paroxismo que el propio Hubert Robert sin duda no previó: "Si bien el tiempo de los seres humanos parece haberse detenido en el parque abandonado, ahora más que nunca actúa el tiempo de la naturaleza".[5] Jacqueline Salmon es autora de unas fotografías tomadas en Méréville en otoño e invierno que muestran cómo el abandono precipita la arquitectura hacia la ruina y la desaparición, mientras que da cada vez más valor a la naturaleza y su evolución.

En Méréville, el río Juine y el tiempo han organizado el espacio y preparado el jardín: excavación de la caliza, erosión, sedimentación, meandros en un terreno inculto, plano y claro, rodeado de colinas; todo estaba allí, incluso las laderas rocosas donde era posible imaginar cobijos y grutas. Así, la recuperación de un recinto natural y afortunado como este dependía mucho más del genio artístico del escenógrafo que de las prestaciones tecnológicas de las que se vanagloriaba la época pasada. La máquina de Marly, los drenajes de Saclay llevaban el agua a Versalles; los ingenieros hidráulicos inventaron los juegos de agua y los chorros que forman figuras impresionantes, hasta el punto de llamar la atención de los príncipes chinos, que ambicionaban poseer aquel saber. Los "jardines europeos" del nuevo Palacio de Verano de Pekín fueron realizados siguiendo los consejos de algunos jesuitas eruditos llamados por el emperador Qianlong hacia 1750. En ellos cobraban importancia los elementos de agua ascendente (los chorros) sobre los de agua descendente (los ríos). El arte de Méréville procede de una estrategia que busca el encanto mediante una "modificación natural" de los componentes del lugar y no mediante una ordenación profunda blandida como prueba del genio humano. Resulta verosímil que Jean-Joseph de Laborde, asistido por François-Joseph Bélanger, el arquitecto encargado del parque, se inspirara en William Chambers, cuyos escritos, publicados en 1772 en Londres y París, desarrollaban los principios de composición de los jardines chinos partiendo de la relación con las estaciones y del ejemplo del paisaje, sin basarse en la geometría del espacio.

De este modo, a varios años de distancia, los príncipes europeos se interesaron por Oriente hasta el punto de crear un estilo "anglochino", mientras que solo un príncipe de Oriente, fascinado por la magia de la técnica, se encaprichó de Occidente. Se sabe hasta qué punto este capricho le fue reprochado y que, un siglo más tarde, los propios occidentales —aquellos "bárbaros del Oeste"— destruyeron el refugio imperial, incluidos los jardines europeos.[6]

Méréville no eludía la influencia del imaginario chino en Europa. Sin embargo, más allá de estas referencias, se trata de captar, según Monique Moser, "las incesantes e imperceptibles transformaciones" del paisaje, sus ondulaciones combinadas en las que el movimiento del agua, del relieve y de las luces constituyen todos esos fluidos cuyo papel e importancia describe Girardin. Todo esto conduce a "un gran cuadro móvil, que se transforma a merced del recorrido de las nubes, del paso de las horas y del ritmo de las estaciones".[7]

No podemos hacernos una idea precisa del paisaje de Méréville al término de las obras de los jardines realizados por el marqués de Laborde, pues todas las fábricas fueron transportadas al parque de Jeurre, cerca de Étampes. El templo de la Piedad Filial, la tumba de Cook, ya no marca el paisaje con su arquitectura bien acotada y encerrada sobre sí misma. Solo quedan sus cimientos y los restos de algunos puentes y pasarelas, de un molino y una lechería... Con este nivel de desapego, la visita del jardín deja ver la importancia del fondo sobre el cual destacan todas las voluntades de escritura. Si el mensaje solo reside en la arquitectura, entonces el mensaje está en peligro. Lo que ofrece el fondo no carece de emoción, pues no se trata aquí de una página en blanco de la que se habrían borrado todas las palabras, sino de un conjunto marcado profundamente y de manera indisociable por la naturaleza y el espíritu.

En la exuberancia de la naturaleza, este conjunto pierde su legibilidad en verano, aunque ciertas marcas permanecen inalteradas o solo ligeramente afectadas. Es decir, las obras menos expuestas, los pasajes cubiertos, los dominios de la sombra, el espesor del suelo. Resulta sorprendente, pero también revelador, que una obra fotográfica como, por ejemplo, la de Jacqueline Salmon, destinada a hablar de "la parte superior" del suelo (el jardín) empiece con tres páginas mudas acerca de la parte inferior: un camino cubierto hacia el Puente de las Ruinas, la Gruta de la Lechería, el interior de la Gran Roca, con un discreto pie de foto colocado aparte, como si el sobrecogimiento de lo interior prevaleciera en Méréville sobre cualquier visión del exterior.

Notas

1. Ganay, Ernest de, *Beaux jardins de France*, Éditions d'histoire et d'art, París, 1950, citando a De la Borde, J. B., *Promenade dans les jardins d'Ermenonville* (1788).

2. Sobre este tema, véase: Hunt, John Dixon, *L'Art du jardin et son histoire*, Odile Jacob, París, 1996.

3. Isabelle Stengers, entrevista con motivo de la exposición *Jardin Planétaire*, celebrada en La Villette, París, 1999-2000.

4. Moser, Monique y Salmon, Jacqueline, *Le Jardin de Méréville*, Édition l'Yeuse, París, 2004.

5. Ibíd.

6. Saqueo del Palacio de Verano por parte de un ejército anglofrancés dirigido por Cousin de Montauban, en el contexto de la Guerra del Opio, concretamente en 1860.

7. Moser, Monique y Salmon, Jacqueline, *op. cit.*

V

Los jardines de la noche

Las grutas, las cavernas, las criptas, los lugares enterrados *bajo* el jardín pero que forman parte de él, interrogan al sueño y la noche, la parte inconsciente sin la cual todo lo expuesto a la luz únicamente se presentaría con la violencia de las certezas: un decorado de vanidades.

Es un error pensar que un "jardín de noche" se nos revela a golpe de proyectores, diodos y efectos de iluminación hábiles, artificios destinados a revelar un cuadro sobre el fondo oscuro de la noche, pero que ignoran la noche. A lo largo de la historia, las grutas han recibido sin cesar las inscripciones de aquellos cuya mirada herida por un exceso de luz se dirige hacia la sombra para invitar a lo interior a dar vida a lo que lo exterior excluye. De los grabados paleolíticos a los grafitis de los sótanos abandonados, los mensajes más urgentes se escriben en la noche y la noche, misteriosamente, se convierte en el lugar de la palabra. El espíritu se activa ante el territorio de la inquietud y no ante el de las serenidades beatas donde un florecimiento pactado sirve de anestesia.

Un jardín de noche pertenece a la noche, a las lechuzas y a las estrellas. Iluminarlo como si fuese de día es quitarle la parte prohibida a la que cada uno debe acceder algún día.

La prescripción de los ingredientes necesarios para la composición de un jardín está presente a lo largo de la historia de manera continua y, sin prejuzgar la forma, el estilo o la filosofía desarrollados, nos ofrece siempre la misma lista: flores, frutos, agua, hierba y luz; será necesario un río o un estanque, una alineación de árboles y un bosquecillo, una empalizada o un seto, una terraza o un prado salvaje, un cenador, un mirador, un teatro de vegetación, una zona de juegos, una perspectiva… y nunca se habla de la "gruta". Pero aun así se construye. Si la cavidad natural no se cuenta entre los elementos que ofrece el lugar, se construye.

Si bien la pared de las grutas naturales acogía la expresión libre de los artistas, sin intención de un proyecto narrativo, la de los jardines construidos se pone al servicio de un cuento, de un sueño, de una mitología, de un mensaje más o menos "encriptado" destinado a quienes se aventuran en la noche y que, por juego, deciden acceder a los enigmas de la sombra.

A veces, las "grutas" de los jardines de la historia se arrinconan, aparecen en secreto como simples incisiones en el relieve, sin techo y sin noche: nichos dispuestos fuera de las perspectivas. La gruta de la Gamberaia, cerca de Florencia, acoge figuras míticas donde el mármol y la roca se combinan para organizar efectos de profundidad a modo de trampantojo. La gruta de Boboli en el palacio Pitti de Florencia parece depender del edificio dada su proximidad con él; en ella reina la sombra y las figuras que le dan vida se dedican a un intercambio cuya historia secreta pertenece a los artistas. La combinación de molduras en forma de estalactitas, frescos y estatuas distribuidas en dos salas expresa el manierismo florentino de aquella época (1583-1588). La luz penetraba antiguamente por la parte superior, ocupada por un acuario lleno de peces. La escena evoca la leyenda de Pirra y Deucalión, única pareja humana que sobrevivió al Diluvio. Era necesaria una gruta para ilustrar el misterio de los orígenes.

Los mensajes dejados en el interior de las grutas, relacionados con el pensamiento de la época en la que se formularon, precisan y acentúan la visión del mundo que el jardín, en su conjunto, expresa mediante las formas y la escenografía. En su complejidad, el jardín resume a la vez una cosmogonía y un modelo de sociedad. Lejos de ser un adorno de palacio o un simple paseo público, acoge los juegos y las técnicas nuevas, el teatro y la política. La gruta desempeña un papel aparte. La historia de las Tullerías muestra hasta qué punto se privilegiaba el entretenimiento "científico". Este jardín albergó uno de los primerísimos lugares destinados a la sericultura en Francia, una pajarera, fue el escenario de uno de los primeros vuelos en globo aerostático,[1] etc. En el siglo XVI, existía una gruta hoy ya desaparecida, cuya ornamentación o incluso fabricación se atribuye a Bernard Palissy. Sin duda, en ella se encontraban esmaltes y otras maravillas fruto de sus descubrimientos, que en época de vacas flacas realizaba recurriendo a sus muebles y la madera del suelo si era necesario para alimentar el horno... La historia ha conservado el eco, rebotado por una muralla semicircular —el misterio y los juegos de sonidos—, según la fórmula del "jardín deleitoso" descrito en su *Recepte véritable* (1563).[2]

Palissy colocó en cada una de las esquinas de su "jardín deleitoso" unos gabinetes, algunos ya desaparecidos y otros nunca realizados, construidos con tierras esmaltadas "que un potente fuego había licuado y mezclado para cubrir las juntas de los ladrillos y producir figuras muy placenteras".[3]

En aquella época se denominaba "gruta de Meudon" al castillo real dibujado por Philibert de l'Orme. De la cavidad natural que designaba en un principio, pasando por las creaciones sofisticadas del jardín, el término alcanzó finalmente también a las arquitecturas íntimas (gabinetes) y las viviendas, y se fijó en el registro ambiguo de las fuentes. En el Jardín de Luxemburgo, la gruta de los Medici es una fuente diseñada por Salomon de Brosse para Maria de' Medici. No se parece a una gruta ni a una fuente, sino a un barco varado en una orilla del jardín, una obra aislada. Es posible considerarla en sí misma, sin relacionarla con el parque y, quizá por ello, constituye un hermoso espacio encerrado en sí mismo, una gruta mental.

Este arte transformado en ornato escande los bosquecillos de Versalles sin llegar a retener la noche. En este barroco todo es brillantez, la gruta se transforma en un decorado que se ofrece a plena luz. Pero el teatro tiene allí su lugar bajo la forma detenida de las estatuarias y los bajorrelieves. En su *Élégie pour Fouquet*, Jean de La Fontaine hace vibrar el eco de estas arquitecturas de lujo: "Llenad el aire de gritos en vuelo, grutas profundas; llorad, ninfas de Vaux, haced que crezcan vuestras aguas...". Sin embargo, nada se parece menos a las cavidades naturales, oscuras, silenciosas y cerradas que estos cuadros de Vaux y Versalles tan poco "profundos", a pesar de que el arte de los jardines, recurriendo a las fuertes imágenes tomadas de la naturaleza, se obstine en llamarlos grutas.

"En Méreville o en el Désert de Retz, el jardín del ser humano sensible ha alcanzado sus formas más audaces y más conseguidas. Domina el espacio a través de su estructura panorámica, instaura relaciones geográficas con todo el planeta —tienda tártara, monumento a Cook— y expresa una relación compleja con el tiempo. Encontramos allí grutas que corresponden a lo que el conde de Buffon denominaba 'las épocas de la naturaleza'; es decir, el tiempo geológico de larga duración".[4] Al magnificar la naturaleza, el prerromanticismo se empeña en dar mensajes naturalistas. Sin embargo, el parque de Ermenonville —lleno de textos grabados— sigue haciendo referencia a las mitologías más antiguas del mundo occidental, aquellas precisamente que forjan la estatuaria de los parques clásicos y que el pueblo, sin duda más atento a las calidades de las esculturas que a su significado, no sabrá descodificar en sus paseos. De este modo, la "gruta de las náyades", al final del lago formado por el río Launette, acoge los versos de William Shenstone:

> Nosotras, hadas y gentiles náyades,
> establecemos aquí nuestro hogar;
> nos gusta el rumor de estas cascadas,
> pero ningún mortal nos ha visto de día...

Aun a riesgo de cortocircuitar el imaginario y de entontecer el espíritu al someter al paseante al pensamiento de otro, las palabras ocupan el jardín y, mejor todavía, la profundidad de las grutas. Sin embargo, a pesar de su capacidad para contener el sentido de un mensaje, un velo de misterio sigue cubriéndolas. Esto es así precisamente porque se sitúan en el fondo de una gruta y no en otro lugar. En este jardín, las sentencias, los homenajes y los epitafios escanden el recorrido hasta conseguir desviar la atención del espectáculo que ofrece el lugar, para orientarlos hacia los mensajes y sus "luces". Ahí reina la muerte con sus obras y sus "memorias". Todo el parque parece estar concebido actualmente para el cenotafio de Rousseau. Al pasar encontramos la "tumba del desconocido", un joven que, según dicen, se suicidó por desamor. También encontramos la del pintor Georges Frédéric Mayen y la "gruta de los huesos", una sepultura prehistórica transformada por el alma romántica en un amontonamiento de cadáveres "de hermanos degollados por sus hermanos". Sin duda era necesario añadir a las tensiones ordinarias de la historia una carga heroica y fatal, un *pathos* ornamental digno de llevar los hechos a la altura de acontecimientos.

La cohabitación de náyades gentiles y de hermanos malvados expresa la extensión de las invocaciones posibles que cobija el inconsciente de la gruta. Complejidad regulada por la fuerza del lenguaje, pero constreñida por la reclusión de las palabras. Sin embargo, las hadas y las náyades, así como los elfos, los ángeles y los espíritus benignos aseguran al visitante un paseo serio. En principio, protegen. Todos los elementos del jardín, incluida la gruta, remiten a la idea del paraíso. Esta regla tiene una excepción importante: el jardín de Bomarzo en el que, hacia 1530, Vicino Orsini construyó una serie de esculturas monumentales más destinadas a turbar al espíritu apegado a las buenas costumbres que a fomentar una visión serena y tranquilizadora de la naturaleza. La violencia de las escenas esculpidas y su insistencia dejan sobrevolar una duda sobre la intención del autor. ¿Se trataba de una visión desengañada de la humanidad en la Tierra o de una provocación dirigida a una sociedad bienintencionada? El edificio gruta aparece allí bajo la forma monstruosa de una cabeza de gigante colocada en el suelo. Se entra a ella a través de la boca, así es la puerta del ogro, la entrada a los infiernos; la desaparición prometida, el final de un recorrido. La escultura más conocida de Bomarzo es un supuesto Hércules "de ocho a nueve metros de altura [...] que sujeta por las piernas, caída ante él, a una joven de su talla que él está desgarrando por desmembramiento y dislocación de los muslos. El sexo de la víctima es controvertido, si bien el tórax y los brazos sugieren que se trata de un chico grande, debo decir, tras ascender, que más bien se trata de una chica [...]. En su demencia ciega, el monstruo de Bomarzo es sensual, irresponsable y sobrehumano, como un dios loco".[5] Sin embargo, la gruta sigue siendo el objeto más inquietante del parque debido a la invitación a "ser tragado" por la boca abierta. Se presta a la fantasía de la digestión absoluta: ¿qué entrañas alimentamos al lanzarnos a las fauces de un gigante desconocido?

La literatura que habla de la gruta del "arte de los jardines" menciona a veces las virtudes del aparato concebido como un lugar de descanso, una "sala fresca creada utilizando una cavidad natural o mediante una albañilería dispuesta para este efecto". A propósito de Babilonia —objeto de todas las fantasías de arquitectos y jardineros—, se habla de grutas para designar los espacios que se forman entre las doce terrazas superpuestas. No es seguro que estos elementos arquitectónicos, concebidos para sostener el edificio, hayan desempeñado el papel de grutas como si fueran otras tantas "habitaciones independientes", amablemente adornadas y organizadas para servir como lugar de reposo y meditación, pero se sitúan como el nacimiento de la gruta buscada, construida y magnificada, en la época de la gran Mesopotamia.

En la época barroca, cuando las grutas estaban en declive, los tratados reservaban un capítulo a estos particulares edificios, ya que era impensable privar al jardín de ellos. "Las grutas están hechas para representar los antros salvajes" señala Jacques Boyceau de la Barauderie; pero según él se les puede añadir tantos artificios como se desee, fuentes, juegos de agua, máquinas que se muevan, "incluso pueden colocarse cuadros o pintarse un fresco sobre los muros [...]. Las pinturas que denominamos grotescas fueron inventadas por los Antiguos por el tema, algunas se pueden ver todavía en algunas antigüedades subterráneas, donde se pintan animales desfigurados y otras representaciones de formas y gestos extravagantes, ninguno natural, y otros contra natura, para hacer de esos lugares sitios extraños".[6]

De este modo, en su papel de artificio en el jardín, la gruta habría sido concebida para abordar en la sombra lo extraño y lo contra natura. Cara oculta del saber, posible reino de la alquimia, territorio de lo imaginario donde el artista, libre de trabajar según su inspiración —su propia violencia artística— no está obligado a ofrecer las imágenes, los mitos y las cosmologías admitidas, sino que puede también distorsionarlos, mezclarlos o inventarlos. Tenemos que considerar las huellas históricas de "la gruta" —según lo que queda de ellas en los jardines del mundo— con la máxima atención: se trata de un espacio de libertad. Si la gruta ya no encuentra un lugar en el jardín contemporáneo, sin duda se debe a que la expresión artística se expone bajo las formas más diversas sin temer la luz, salvo en ciertos países en los que el oscurantismo constriñe el arte al silencio.

No se hablaría casi nada del reinado de Luis II de Baviera si, más allá de su locura ordinaria, no invistiera su obra una pulsión artística próxima al delirio. En el Linderhof, donde pasaba la mayor parte del tiempo, añadió al castillo de inspiración clásica cinco pabellones, entre los cuales había un quiosco morisco comprado en la Exposición Universal de París. Colocó el quiosco junto a la gruta de Venus: una interpretación de la Gruta azul de Capri donde la diosa del Amor hechiza a Tannhaüser (referencia directa a la ópera, no al poeta alemán), ya que el rey se había "enamorado" de Richard Wagner. Los turistas de Baviera tienen que subirse a una barca en forma de cisne dorado revestida con oro fino para circular por la cueva de la seducción, llegar hasta Venus e impregnarse del romanticismo del ambiente, en el escenario creado por ese artista-rey de finales del siglo XIX.

En la misma época, el barón Haussmann, con la ayuda de Jean-Charles Alphand y Jean-Pierre Barillet-Deschamps, "rehízo" París, una empresa costosa en la que a las formas de financiación ordinarias se sumaron dudosas operaciones de crédito, que finalmente Jules Ferry destapó y que llevaron al barón a la desgracia.[7] Diecisiete años de reinado prefectoral le permitieron "sanear" París creando alcantarillas y ejecutando el proyecto político de eliminar los núcleos revolucionarios del corazón de la ciudad para empujarlos hacia la periferia, pero también trazando nuevas avenidas, nuevos espacios públicos y nuevos parques. Las antiguas canteras de yeso de Buttes-Chaumont, convertidas en refugio de bandidos y de mala fama, se transformaron en un parque de 25 hectáreas, con la gruta como el elemento principal, un monumento excavado y embellecido con una cascada de 32 metros de altura, cruzado por escaleras y puentes, y coronado por una rotonda con columnas desde donde se descubre París. No hubo ningún artista que hechizara la noche de esta gruta, sino que se trataba de una recuperación de los usos decorosos que se impone a la industria, la esclavitud y el bandidaje; la puesta en valor del objeto se centra en el envoltorio, no en el contenido; ya no se celebra la locura, sino el orden burgués.

¿Qué celebraban los artistas del magdaleniense en las paredes de las cavidades naturales de Dordoña, Ardecha y de otros lugares? ¿Podemos comparar la gruta original de la humanidad, forjada únicamente por la naturaleza, con el aparato sofisticado de los jardines del Renacimiento, de las Luces o del siglo de la Revolución industrial?

El 4 de marzo de 2010, nuestro grupo se reunió a las diez de la mañana en un aparcamiento en el campo, en el meandro desecado de Pont d'Arc. Cinco visitantes admitidos, dos responsables del lugar, uno a la cabeza de la fila y el otro a la cola caminan al principio por el sendero estrecho que conduce a la chimenea de entrada y luego por otro aún más estrecho, que atraviesa la cueva de Chauvet, sobre los enrejados metálicos flotantes de los que no hay que apartarse bajo ningún pretexto. Cada uno de nosotros valora el privilegio de esta visita conseguida tras largos meses en una lista de espera en la que figuran científicos de todo el mundo. Provistos de monos, cascos y calzado adecuado —las zapatillas de las tinieblas—, nos adentramos siguiendo un ritual de recomendaciones en la más prestigiosa galería de arte conocida, la más grande, la más antigua, la más conmovedora. También la más protegida y la más frágil, una galería en la que nadie puede pretender comprar las obras presentadas, donde la multitud —impensable en el lugar de origen— podrá, pagando, acceder pronto a los misterios de las pinturas parietales al ritmo de una pedagogía bien calibrada, bajo la señalización selectiva de iluminaciones inteligentes. Se construyó una réplica en Vallon, tal como se hizo con la cueva de Lascaux, otro tesoro de la humanidad. Para ofrecer a todos la posibilidad de comprender el original, se hizo una copia.

Los falsificadores tienen el talento y los medios para expresarlo. Se ha reconstituido hasta el más mínimo detalle. Nos imaginamos la increíble dificultad de la ejecución de la copia, pues la pared —los muros, los suelos y los techos de la galería— tiene muchos accidentes.

Ella misma es una obra forjada por el tiempo y la filtración del agua. Pero estamos allí por el todo, por el trabajo conjunto del ser humano y la naturaleza. No se trata aquí de describir la cueva de Chauvet, existen obras de gran alcance dedicadas a ella. Solo puedo transmitir la constatación de un destello que ha atravesado el tiempo (de una forma precisa) sin alteración. Ocurrió hace 32.000 años. Fue necesario que el "artista" escuchara el caballo y su galope para ofrecérnoslo con su jadeo, su inquietud y su velocidad. Supo sentir la fuerza del rinoceronte y la tranquilidad del león para restituirnos su esencia vital —la dinámica—, y no solo la forma. No se trata de un bestiario primitivo, sino de un mundo animado bajo una expresión simple y dominada. ¿Cómo pudo el artista realizar el dibujo con un único trazo, sin titubeos aparentes, cuando la llama temblaba sobre la bóveda oscura? Era necesario que los modelos observados hubieran calado en los artistas —que los veneraran o los temieran— para poder restituir su fuerza exacta solo de memoria. ¿Quién sostenía la antorcha en la cueva, entre dos osos, aprovechando un respiro? Esto se deduce de los arañazos: algunos dibujos cubren trazos anteriores, otros se leen bajo trazos más recientes, y, finalmente, ¿qué nos dicen de otro tiempo estos humanos para quienes la cueva —que no se habitaba, pues estaba reservada a los habitantes "ordinarios" de las cavernas, osos y murciélagos— se convertía en un lugar representativo de la expresión artística, en una galería? ¿A quién estaban destinadas estas obras, si no, quizá, a nosotros, espectadores de un siglo inquieto en el que está en juego el futuro de una diversidad biológica en peligro, a nosotros, fascinados por los colmillos en espiral del mamut, la túnica lanosa del rinoceronte...?

De la cueva de Chauvet uno sale sacudido por la radicalidad del arte en el ser humano.

Este testimonio antiguo y permanente nos cuenta que, de todas las cosas que el ser humano ha transmitido a su descendencia, no hay nada más importante que el arte y el cuestionamiento que implica. Todos los éxitos de la civilización, del arpón a la pantalla plana, no son más que florituras tecnológicas para expresar una única y misma cosa: la importancia de la mirada. ¿Dónde estamos?

Al salir de la cueva, el sol, impotente —aunque no puede deslumbrarnos, pues ya lo estamos—, revela un paisaje que deberíamos haber apreciado al subir, si bien durante los veinte minutos de subida nuestro espíritu a la espera se concentraba en los pasos que daban nuestros pies sobre el sendero y en fantasear con la cueva llena de maravillas que nos habían prometido.

El jardín, otra maravilla, se extiende ante nosotros. Se trata de un paisaje salvaje y trabajado, tan caprichoso y resuelto como las tripas de la montaña de la que surgimos. Las velas de calcita, el ritmo de las concreciones ascendentes y descendentes, el fulgor de los cristales, el juego de sombras y de gotas musicales del agua dan paso a una vegetación esclerófila,[8] perfectamente anclada en un relieve esculpido, donde el río Ardèche, al abandonar su meandro, se abre directamente paso por una bóveda bajo la roca. Obra única sobre la piel de la Tierra. ¿Cómo no convencerse de que los artistas de hace 32.000 años eran también unos buenos paisajistas? Hay otras cuevas vacías en los alrededores, pero solo Chauvet permite ver este "jardín" desde su umbral. No puede tratarse de una casualidad.

Los jardines contemporáneos parecen haber abandonado el principio de la gruta como refugio ante la mirada. El equivalente moderno de los mensajes que nos ofrece el inconsciente se traduce sin duda parcialmente sobre las paredes hormigonadas de los edificios abandonados, los muros de carga, los edificios okupados, las superficies lisas de la ciudad en abandono, donde siempre es posible intentar comunicarse con la muchedumbre anónima, como si el revés de las ciudades sirviera de gruta al jardín planetario. Los grafitis, las pinturas con plantilla, las inscripciones herméticas ocultas de los edificios que llegan a la superficie y a la civilización del orden para desafiar las reglas del buen gusto. Los limpiadores se han rendido a este aluvión de arte popular, y nuestros representantes electos, ejemplos de flexibilidad y oportunismo, han intentado recuperar el fenómeno para institucionalizarlo. En vano. Los soportes de la expresión libre no tienen límite.

De manera modesta, casi anecdótica, el vocabulario de la gruta se ha impuesto (una sola vez) en uno de los jardines que me encargaron en relación con la historia. En Blois, una bóveda situada debajo de la escalera que une el Jardín de los Simples con la Terraza de las Flores Reales presenta el interior de una geoda gigante, una minigruta. El único mensaje es el de la noche retenida por la geoda, bruscamente violada por la luz. Es también una fuente. Las gotas rezuman en la pared tapizada de amatistas y calcita. Alusión a las distintas formas de las obras "grotescas" anteriores a los artesanos de la rocalla de cemento,[9] cuando los jardines aterrazados de Gaston d'Orléans acogían setos y glorietas que contenían los parterres floridos heredados de Luis XII.[10]

Nunca se realizó un proyecto de gruta. Sobre el eje histórico de París —que algunos llaman "el eje del dinero"—, una intervención de tres kilómetros, entre el arco de la Défense y el Sena al oeste, tenía que concluir esta perspectiva indefinidamente reconducida, abriéndola sobre un parque en forma de delta. Este proyecto premiado, con el que gané un concurso junto con el arquitecto Paul Chemetov, nunca llegó a ver la luz: demasiadas batallas, demasiadas cosas contradictorias en juego. El proyecto preveía un "valle" instalado en el urbanismo de Nanterre, concebido como un "plan común" que recibiría "monumentos de naturaleza fragmentada" de medidas y temas variables, formando diferentes jardines. Una progresión de este a oeste, del Sena hacia el arco de la Défense, daría valor a esta naturaleza desde su forma en bruto y masiva—un bosque de robles elevado—hasta su forma más delicada, una gruta. Imaginada con Guillaume Geoffroy Dechaume, ya fallecido, la gruta al pie del arco de la Défense, hacia el oeste, acogía seres naturales minúsculos que se desvelaban discretamente. Se descendía a un acuario de bacterias fluorescentes que brillaban por el movimiento del agua, a su vez provocado por la presencia de los visitantes. De esta manera llegaba la luz a la sombra.

Sin poder llegar a una conclusión sobre las grutas, podemos decir que se trata de un mundo proyectado (un sueño) que el sol sin duda quemaría. Por tanto, hay que mantenerlo protegido y permitir que solo un limitado número de miradas lo vea. Ahora bien, se trata de proyectos deseados y no impuestos o sufridos, aunque la parte del inconsciente que pesa sobre estas obras manipula al artista sin que él mismo se percate. Un acuerdo entre la sombra del antro y la interior de cada uno, una especie de antimito de la caverna, en el que aquellos que se encuentran frente al muro no están sometidos a ver las sombras proyectadas de un mundo exterior, sino que las inventan.

Notas

1. Actualmente un globo cautivo permite ver el Parc André Citroën, sus alrededores y todo París desde la cesta. Si no estuviera adornado con un eslogan publicitario (que inicialmente no estaba previsto), entraría en el registro de los atributos del jardín como simple atracción.

2. Palissy, Bernard, *Recepte véritable par laquelle tous les hommes de la France pourront apprendre à multiplier et augmenter leurs thrésors*, Imprenta de Barthelemy Berton, La Rochelle, 1563: citado en Ganay, Ernest de, *Beaux jardins de France*, Éditions d'histoire et d'art, París, 1950.

3. Lucas, Claude, *Revue Générale de l'Architecture*, París, 1890.

4. Baridon, Michel, *Les Jardins: paysagistes, jardiniers, poètes*, Laffont-Bouquins, París, 1998.

5. Mandiargues, André Pyerre de, *Les Monstres de Bomarzo*, Grasset, París, 1957.

6. Jacques Boyceau de la Barauderie, intendente de los jardines de Luis XIII (1602-1633), escribió el *Traité de jardinage selon les raisons de la nature et de l'art*, Michel Vanlochon, París, 1638.

7. Ferry, Jules, *Les Contes fantastiques d'Haussmann*, Guy Durier, París, 1869.

8. Vegetación cuyos tejidos superficiales se endurecen para limitar la evaporación en épocas de sequía.

9. Racine, Michel, *Jardins au naturel. Rocailles, grotesques et art rustique*, Actes Sud, Arlés, 2001.

10. Visibles en los grabados de Androuet du Cerceau (1510-1585), los jardines ocupaban una superficie veinte veces superior a la que ocupan actualmente, según una geometría que ha quedado deshecha por el crecimiento de la ciudad en el siglo XIX.

VI

El jardín de los astros

De la consulta de las estrellas y de la luna, los jardineros llegaron a establecer un calendario cósmico para las prácticas jardineras de una precisión intrigante. Así pues, existen días favorables para la siembra de especies de las que se desea recoger las raíces, otros para las frutas, otros para las hojas y otros más para las flores. Cualquiera de estas actividades puede que deba terminar o empezar a una hora precisa del día. Los "nudos lunares" ascendentes o descendentes organizan este reparto calculado al minuto.

> Son los días en los que la trayectoria de la luna (dos veces cada 27 días) corta el plano elíptico (plano de la órbita terrestre alrededor del sol). Según los defensores de la agricultura biodinámica, estas posiciones particulares tienen una influencia perturbadora en los cultivos y deberían ser días de descanso para los jardineros.[1]

Esta actitud otorga un lugar determinado al ser humano en el universo: el cosmos interactúa siempre con el sistema vivo y se coloca a la humanidad en situación de dependencia. Estar atento al cielo significa aceptar colaborar con los astros, que el ser humano abandone el proyecto de cualquier tipo de dominación sobre la naturaleza. Los defensores de la biodinámica, discípulos de la escuela de Rudolf Steiner,[2] manipulan modestamente los preparados naturales destinados a los cultivos y confían en los astros.

Quienes se exasperan ante la complejidad de lo vivo han considerado estas prácticas teñidas de esoterismo como charlatanería, aunque corroboran las observaciones más serias. Coinciden con una comprensión cada vez más aguda de las relaciones entre los seres vivos entre sí y con los elementos y los ritmos cósmicos. Lejos de ser una práctica abandonada, la biodinámica ocupa una parte nada despreciable de la agricultura biológica actual, en particular de la viticultura.

Los jardineros no esperaron a Steiner para tener en cuenta la luna. Ciencia empírica e imprecisa, no-ciencia según algunos, ¿cómo abstraerse de una maquinaria celeste capaz de crear mareas cuando nosotros mismos, seres llenos de agua, somos sensibles a los ritmos lunares? La lengua indomalasia utiliza una sola palabra, *bulan*, para designar al mismo tiempo la luna y el ritmo de las menstruaciones de las mujeres. ¿Cómo viven las plantas esta relación con el firmamento?

Preocupadas por la claridad, las revistas serias que abordan el tema dan detalles sobre lo que significa el calendario lunar. Se distinguen las fases lunares (creciente y menguante) de las trayectorias lunares (descendentes y ascendentes), su recorrido por encima del horizonte. La revista *Les Quatre saisons du jardinage bio* señala las tres series de movimientos que deben ser considerados entre la Tierra, la luna, el sol, y las doce constelaciones zodiacales:

> El ritmo sinódico: el más conocido y el más fácilmente observable, describe las fases de la luna; esta está iluminada por el sol, de cara (luna llena), de costado (cuartos crecientes primero y último) o por detrás (luna nueva). Durante mucho tiempo, el ciclo de 29,6 días ha sido tomado como referencia única en la tradición agrícola.
>
> El ritmo periódico o sideral: vista desde la Tierra, la luna se pasea por una franja del cielo con una trayectoria cada vez más alta (luna ascendente o primavera lunar) para luego volver

a bajar (luna descendente u otoño lunar), a imagen del sol entre los solsticios. Este ciclo tiene una duración de 27,3 días.

Finalmente, en su recorrido, la luna pasa sucesivamente delante de las doce constelaciones zodiacales (que definen los días para flores, hojas, frutas y raíces), y su trayectoria interseca dos veces por ciclo el plano de la eclíptica (formado por la órbita de la Tierra alrededor del sol): estos son los famosos nudos lunares. Los seguidores de la biodinámica han trabajado mucho sobre este último ritmo, sobre todo con las investigaciones de Maria Thun, referencia en este ámbito desde hace cincuenta años. Sin embargo, algunos investigadores, agricultores y jardineros relativizan la importancia dada a este ciclo y le otorgan un interés equivalente al ritmo sinódico.

Así pues, el comportamiento del firmamento afecta al jardín a nivel fisiológico, de forma complementaria a la influencia cotidiana de la meteorología. Si actúa de este modo en profundidad en los seres vivos presentes en el jardín, ¿tiene también vocación de determinar la forma de los espacios que acogen a dichos seres y los organizan? ¿Cuáles son los principios importantes del recorrido de los astros que orientan la composición de los jardines?

En las civilizaciones en las que la deificación de los astros prevalece sobre su aprehensión objetiva, la propia organización del espacio, la orientación, el alzamiento de monumentos sagrados o simbólicos expresan la relación de los pueblos con su propia cosmogonía. Las pirámides incas honran al sol y la luna, la arquitectura egipcia no se comprende sin la gobernanza de Ra, el dios del sol; en Bali, las fiestas dedicadas a la luna se desarrollan en el Penataran Sasih de Pejeng, en la noche de luna llena. El calendario balinés cambia cada año, ya que todo él está construido sobre los ritmos cósmicos.

¿Cómo debe ser un jardín que honre a los astros?

En cierto modo, casi todos los grandes jardines de la historia abordan, de alguna manera, el "recorrido de las estrellas", los misterios del firmamento, pero ninguno, según los libros, lo considera su tema principal ni el pretexto para una construcción total en torno a las estrellas.

Bajo la dinastía china de los Han, época en la que fue introducido el budismo, los emperadores construían sus palacios sobre montañas artificiales. Los "jardines" de Wu-Ti ocupaban 150 km². Cada valle, cada colina tenía su edificio frente a un punto de vista cuidadosamente elegido. En el jardín de Sima Guang, se instalaron ciertos pabellones "para ser utilizados una vez al año, en el único momento del año en el que la luna llena se alzaba sobre el almendro en flor".[3]

Se sabe que en Versalles el sol, enmarcado por la perspectiva central, tenía que ponerse a determinada hora determinada en la habitación. En otras partes, en los bosquecillos, se celebraban las estaciones, marcando así la atención prestada al trabajo del tiempo y a sus transfiguraciones en el jardín.

Si bien no es raro encontrar aquí y allá cuadrantes solares en los jardines, colocados en el suelo o sobre las fachadas de las viviendas, es en los "jardines europeos" del Yuanming Yuan donde pueden verse los restos de una clepsidra fantasiosa y gigantesca, destruida como todas las demás durante el saqueo del Palacio de Verano en 1860. Ocupaba la fachada occidental del palacio del Mar Tranquilo y daba la hora gracias a un hábil juego de agua. El emperador Qianlong, el manchú, fascinado como ya hemos dicho por los juegos de agua, había ordenado a los jesuitas presentes en la corte que crearan dichos objetos. El padre Benoist, hidráulico francés, realiza con Castiglione, arquitecto y pintor italiano, una serie arquitectónica integrada en los fosos, el canal y los estanques para componer este jardín. "El emperador desea, decide y dicta, de este modo se fusionaron dos culturas en un estilo complejo y único".[4]

También debemos a los jesuitas el relato científico de tres de los más fascinantes jardines de la historia. Sobre ellos, sin embargo, los libros permanecen obstinadamente mudos. En estos lugares de la ciencia y el espíritu, los Jantar Mantar del imperio mogol del siglo XVIII convocan a los astros. Todavía llamados "jardines astronómicos", los Jantar Mantar son observatorios cuyos instrumentos de medida (*yantra*) marcan el espacio a la manera de los "caprichos" en un parque, pero, en lugar de aparecer inesperadamente a lo largo del recorrido, ocupan el terreno y lo cargan con una función única: comprender el firmamento.

En el prefacio de sus *Tablas astronómicas*, el marajá Jai Singh de Amber,[5] en aquel momento ministro del Imperio y fundador de la ciudad de Jaipur, cuenta "cómo explicó al emperador Mohammed Shah, deseoso de conocer los motivos del declive del imperio, que sus causas eran la inexactitud de las observaciones actuales para leer el porvenir en los astros y, por tanto, para prevenir las desgracias del tiempo". Los autores de una obra bien argumentada, *Les Français et Delhi Agra, Aligarh et Sardhana*,[6] dicen que Jai Singh contó con lo necesario para construir las nuevas herramientas de conocimiento del cielo, que eran forzosamente costosas.

Jai Singh construyó cinco observatorios en el norte de la India. El primero, en Delhi, fue finalizado en 1924; luego vinieron otros en Jaipur, Mathura, Ujjain y Varanasi.

Al entrar en el Jantar Mantar de Delhi es imposible dudar de que nos encontramos en un jardín. El recinto, el césped, los pequeños setos, las flores, las palmeras y los paseos, todo se ordena según los cánones ordinarios del parque urbano; nos encontramos con paseantes lentos, parejas y pájaros de ciudad. Aquí no hay ningún turista. Supuestamente reservado al uso de los astrónomos y astrólogos en tiempos de Jai Singh, el Jantar Mantar, debido al abandono de sus funciones iniciales, se ha convertido en un espacio público, un jardín. Sin embargo, todo permanece según el dispositivo original, los *yantras* imponen su arquitectura fantástica. Hay que olvidarse del "parque" para entrar en el jardín verdadero, el del espíritu, en el que se juegan, a escala de arquitectura monumental, los intentos de comprensión del cosmos.

Colocarse en el centro del Samrat Yantra, el gnomon central, es como entrar en un cuadro de M. C. Escher.[7] Las plataformas a partir de las cuales una escalera parece querer hacerte subir y bajar, el aspecto laberíntico de las construcciones ocres cuyas funciones resultan enigmáticas, las cúpulas invertidas como inmensas cubetas cruzadas por líneas oscuras y precisas, el anfiteatro circular del que irradian los sectores negros y blancos como en un caleidoscopio y la hipotenusa del gnomon —una escalera estrecha y sin fin— que se pierde en el cielo, ¿para medir qué? Todo contribuye al vértigo, a la exploración del infinito: juguete sublime y torpe para alcanzar el firmamento sin lograrlo.

El sentimiento de lo imposible, cristalizado en el gnomon, se borra detrás de la proeza y lo maravilloso. Se hubiera podido contemplar un gnomon enclenque, una espina, una flecha, un objeto suficiente para proyectar su sombra sobre los cuadrantes graduados y medir el tiempo solar visible, la declinación solar, todas ellas cosas que se esperan de un dispositivo de este tipo. No, se trata de una escuadra de mampostería que se alza sobre su arista pequeña, una arquitectura gigante cuyos grados pueden subirse en mitad del vacío, provista en lo alto de un orificio como el ojo de una aguja, por donde la estrella Polar, en ciertas noches del año, proyecta su reflejo brillante en el estanque que sirve de base al conjunto astronómico.

Alrededor del Samsat Yantra, el "rey de los instrumentos", se extiende una serie de monumentos de menor altura, todos ellos de una precisión y una forma arquitectónicas inéditas que hacen pensar en un mundo extraterrestre. En efecto, se trata de un trozo de firmamento arrojado sobre el suelo que sumerge al visitante, aunque sea un sabio, en un abismo de perplejidad. Últimos aparatos de medida de una astronomía antigua que era una suerte de mezcla de astrología y ciencias objetivas, organizados siguiendo por tamaño, de manera que cualquiera de ellos, a simple vista, podría, si poseyera la clave, comprender el "recorrido elemental de los astros"; es decir, en realidad, nuestros movimientos relativos en el cosmos.

En el momento de su construcción, los Jantar Mantar de la India se pusieron al servicio de los conocimientos más profundos en materia de astronomía. Jai Singh poseía en su biblioteca las *Tabulae astronomicae* de Gabriel-Philippe de La Hire.[8] La reputación de las ciencias europeas, llegadas a la India, había convencido al marajá de recurrir a la benevolente ayuda de los astrónomos franceses. Se trataba sobre todo de verificar la validez y el buen funcionamiento de los nuevos Jantar Mantar. A través de Volton, médico en Delhi, consiguió que Joseph François Dupleix, establecido en Puducherry, hiciera ir al jesuita astrónomo Claude Boudier. Este, ayudado por el padre Pons, un importante estudioso del sánscrito, estableció sus medidas en Delhi, pero también en otras ciudades indias. Los dos científicos compararon sus medidas con las realizadas en París y también en Pekín por el padre Antoine Gaubil, "lo que les permitió rectificar en unos pocos minutos las longitudes —y, por tanto, las distancias— de los lugares de la India donde habían colocado sus instrumentos".[9]

La consecuencia más inesperada de esta aventura científica todavía nos afecta hoy: Europa y la India encuentran a través de los astrónomos del siglo XVIII una prueba de su antigua relación. Al trabajar con los sabios indios sobre la precisión de los términos científicos, el padre Pons, también helenista, descubrió raíces comunes en el griego y el sanscrito. De esta época data la noción de lengua y cultura indoeuropeas.

No existe ningún equivalente de los monumentos que organizan el espacio de los Jantar Mandar de la India en el resto del mundo; quizás el acelerador de partículas Soleil, de Saclay, con su forma circular, como si se tratara de un ruedo, pueda compararse con el Yantar Mantar de Delhi como instrumento de medida destinado a responder a una cuestión planteada por la ciencia de una determinada época. Actualmente se aceleran partículas para aproximarse lo más posible a las condiciones de aparición de nuestro universo. ¿Qué jardín se hará eco de un tema tan audaz? ¿Cuál será la escenografía para la creación del mundo?

A su manera, los artistas rinden homenaje a los astros y se preocupan por una vibración de la luz que les devuelve el universo.[10] Su jardín no es otro que el espacio multiforme donde se agitan los humanos, sin horizonte definitivo, sin escala precisa y sin límite para el imaginario: el planeta Tierra.

Notas

1. *Les Quatre saisons du jardin bio*, núm. 180, Mens, enero/febrero de 2010.

2. Rudolf Steiner (1861-1925) funda el principio de antroposofía: el ser humano y su entorno constituyen un sistema complejo en el que la dimensión espiritual se suma a las nociones clásicas de la ecología.

3. Sima Guang, hombre de Estado, redactó en 1026 una descripción detallada de su jardín. En él cada palacio servía para "refugiarse, escapar de las penas y dominar las vanidades de la vida", en Clifford, Derek, *L'Histoire et l'art des jardins, op. cit.*

4. Hausard, Florence y Bocq, Bénédicte, *Le Yuanminyuang. Les nouveaux palais d'été à Pékin*, "*jardins européens*", trabajo de fin de carrera, taller regional Escuela Nacional Superior de Paisaje, Versalles, 1997, bajo la dirección de Philippe Jonathan y Gilles Clément.

5. Marajá Sawai Jai Singh II, astrónomo (1688-1743). El título de *sawaii* le fue concedido por el emperador mogol Aurangzeb, y significa "el que vale uno más un cuarto"; es decir, "excepcional".

6. Lafont, Jean-Marie y Rehana, *Les Français et Dehli, Agra, Aligarh et Sardhana*, India Research Press, Nueva Delhi, 2010.

7. Maurits Cornelis Escher (1898-1972), pintor holandés, desarrolló un enfoque del surrealismo a través de una serie de "construcciones imposibles" en las que los motivos se transforman en formas diferentes a medida que se adentran en el cuadro.

8. Gabriel-Philippe de La Hire, astrónomo y físico francés (1677-1719), publicó *Tabulae astronomicae* y unas efemérides correspondientes a los años 1701-1703.

9. Lafont, Jean-Marie y Rehana, *op. cit.*

10. Piotr Kowalski (1927-2004) creó numerosos dispositivos plásticos sobre la cuestión del tiempo y el espacio. Con su Roden Crater en el desierto de Arizona, el artista James Turrell transformó un volcán apagado en un observatorio celeste.

VII

El último jardín

Una pista de 750 kilómetros une Mossman con Lockhart River, en el norte de Cairns, en la península de York, Australia; el extremo adelantado de Queensland a lo largo del estrecho de Torres que separa Australia de Nueva Guinea: una punta de tierra que los blancos denominan el Top-end con un matiz de inquietud y admiración soñadora en la voz. Está lejos.

Dos días de camino por carreteras de tierra y polvo rojo atravesando eucaliptos y xantorroeóideas, que los primeros ingleses llamaban *black-boys*[1] por su tronco ennegrecido y sus penachos de hojas finas parecidas a cabellos. Esta planta pirófila de cuerpo ennegrecido marca el paisaje entre los termiteros esculpidos y la sombra luminosa de los bosques de gomeros. De ellos surgen ualabíes inquietos, emúes o koalas, más raramente un varano o un equidna dorado. Aquí los animales se muestran con su expresión más directa en sintonía con un hábitat inalterado desde hace milenios. Estamos en su hogar.

Hacia el este, Lockhart River mira al océano. La influencia seca de la sabana se detiene en las proximidades de los bosques altos, a lo largo de la orilla, donde los casuarios, con sus cascos, son los guardianes del bosque. Nadie se acerca a esta ave por miedo a un ataque; el casuario no teme enfrentarse a un humano. Sin embargo, el peligro no viene de la tierra. En este extremo de las costas donde se agota la Barrera de Coral, por donde pasan los cargueros que unen las tierras australes con el resto del mundo, vive el cocodrilo de mar, un animal fabuloso que impide acercarse al agua. El cocodrilo que llevamos tiempo observando desde un islote de Restauration Island patrulla muy lentamente por las rocas. Solo son visibles su cresta y sus órganos en forma de periscopio: los orificios nasales y los ojos. Este mide cuatro metros —decimos vagamente decepcionados—, pero un adulto llega a medir el doble; le gustan las tortugas y los delfines, y no desdeña al ser humano. En Lockhart River, playa perfecta salpicada de rocas y mangles, no se baña nadie.

Lockhart, considerada territorio aborigen, en realidad se presenta como una reserva en la que los indígenas australianos, supervivientes de los "safaris genocidio", brutalmente sendentarizados, acaban sus vidas bajo vigilancia, según un modelo cultural enturbiado por Occidente.[2] Este pueblo nómada, detenido en su recorrido vital, intenta combinar su tradición con las órdenes administrativas de los blancos. Ya no cazan y, al no ser ya capaces de reconocer las especies, tampoco recolectan.[3] Están autorizados a cazar unos pocos dugongos, un mamífero marino altamente protegido. El resto de los alimentos procede del supermercado, último instrumento del genocidio insidioso de las poblaciones cautivas, donde se ofrece diabetes, obesidad y dependencia a un módico precio. El alcohol y la droga (prohibidos) se comercializan en el mercado negro organizado, ante el cual la administración territorial abre y cierra los ojos arbitrariamente. La noche de nuestra llegada al pueblo disperso de Lockhart, estaban cocinando dugongo en la casa de al lado y se ofrecía alcohol a escondidas; una pequeña fiesta.

No hemos venido a ver casuarios, varanos, ualbíes, dugongos ni cocodrilos, sino a los artistas del centro dirigido por Camille Masson, donde un grupo denominado "La pandilla del arte" produce, como en otros lugares de Australia, una serie de obras muy coloridas hechas con puntitos sobre telas preparadas: el arte aborigen.

¿Qué significa "arte aborigen"? ¿Acaso existe un arte aparte para un pueblo en el que todo es arte: la transmisión geográfica, el vocabulario cantado o dibujado, el dispositivo ritual y familiar? Lo que designamos como "arte aborigen" solo abarca una parte de los medios utilizados por estas poblaciones para mantener y desarrollar la comunicación ordinaria y la transmisión de los mitos. La relación del pueblo aborigen con el cosmos nace del "sueño original" a partir del cual se desarrollan los ritos y el arte de vivir, según una separación por clanes perfectamente codificada. Las obras pintadas más conocidas son dibujos realizados con puntitos; sin embargo, cada clan produce en realidad muchas otras formas de expresión. La sociedad mercantil se ha quedado con los formatos comercializables: músicas grabadas, pinturas en soportes móviles y esculturas. ¿Qué hacer con los dibujos realizados sobre el cuerpo y en la arena, con los mensajes volátiles de *Los trazos de la canción*?[4]

Lo que hoy percibimos de la civilización aborigen de Australia muestra el papel motor del arte, su poder constitutivo y estructural en la sociedad antes de naufragar en la función mercantil. Mientras me preguntaba sobre los aspectos triviales del arte, sus vertientes profanas y sagradas, sus emergencias domésticas y cotidianas, se planteó la cuestión del jardín: ¿existe un arte aborigen de los jardines? En el jardín de al lado, los cocineros están atareados en torno a una barbacoa improvisada donde está la olla con el dugongo. Pero ¿se trata de un jardín?

Aquí cada familia recibe una vivienda parecida a la de los blancos y cada una posee un terreno. En torno a las casas ocupadas por el personal administrativo se pueden ver flores, frutales y huertos. El contorno de las casas ocupadas por los aborígenes se presenta como una zona de espacio libre, un aparcamiento, un lugar para sentarse o de reunión, una cocina: *no hay jardín*. Pregunto por todas partes si puedo ver un jardín, se me dice que eso no existe en Lockhart River; y, por otra parte, es posible que no haya ninguno en toda la Australia aborigen.

¿Por qué un pueblo sedentarizado desde hace un siglo, asignado aquí a una parcela fútil, no realiza ninguna tarea con la tierra? ¿Qué motivos empujan a los habitantes del antiguo Gondwana?[5] Esta población no actúa como los pigmeos sedentarizados del sur de Camerún donde, treinta años antes, vi nacer el "primer jardín". Las coacciones de la vida les deberían haber obligado a transformar el espacio en jardín alimentario. Las preguntas que hice sobre este enigma no recibieron ninguna respuesta durante toda mi estancia en el Top-end. Al regresar a Francia, mientras seguía preguntando a mi entorno, recibí lo que creo que puede ser una explicación al "no jardín" del pueblo aborigen.

La razón del no jardín ofrece también las raíces del todo jardín. Me llegó un día de agosto de 2007 en forma de un poema titulado "El secreto del sueño".[6] Por motivos inexplicables, el texto aparece en la literatura infantil. ¿Solo los niños poseen el secreto del sueño? ¿Es posible que el adulto, inmerso en la "vida seria", abandone las pistas de lo imaginario para entregarse a las ilusiones de la "realidad"? El texto me lo envió Adrienne, antigua maestra, guardiana del espíritu; ofrezco íntegramente este cuento aborigen australiano tal como ella me lo entregó.[7]

> Antaño, no había nada.
>
> Nada,
> salvo el Espíritu de Toda Vida.
> Durante mucho tiempo
> no hubo nada.
> Entonces en la cabeza del Espíritu de Vida
> ... el Sueño empezó.
>
> En el vacío oscuro
> había un Sueño de Fuego.

Y el color del Fuego ardía
brillantemente
en la cabeza del Gran Espíritu.

Entonces llegó un Sueño de Viento
y el fuego bailó y se arremolinó
en la cabeza del Espíritu de Vida.
Entonces llegó un Sueño de Lluvia.

Durante mucho tiempo,
la lucha del Fuego, el Viento y la Lluvia
hizo furor en el Sueño.
De este modo el Sueño continuó.
Entonces, como la lucha decaía
entre el Fuego, el Viento y la Lluvia,
llegó un sueño
de Tierra y Cielo
de Tierra y Mar.

Durante mucho tiempo
este sueño continuó.
El Gran Espíritu empezó a
cansarse de soñar,
pero quiso que el Sueño continuara.
Entonces la Vida fue enviada al Sueño
para hacerlo real,
y para que los Espíritus creadores
continuaran soñando.

Entonces el Espíritu de Vida
envió el Secreto del Sueño
al mundo
con el Espíritu del Pez Barramundi.

Y Barramundi
entró en las aguas tranquilas y profundas
... y se puso a soñar.

Barramundi soñó
con olas y arena húmeda.
Pero Barramundi
no comprendió el Sueño
y quiso soñar
solo con aguas tranquilas y profundas.

Entonces Barramundi
pasó el Secreto del Sueño
al Espíritu del Currikee,
que es la tortuga.

El Currikee soñó
con rocas y sol caliente.
Pero el Currikee
no comprendió el Sueño
y quiso soñar
solo con olas
y arena húmeda.

Entonces el Currikee
pasó el Secreto del Sueño
al espíritu del Bogai,
que es el Lagarto.

Y el Lagarto
se subió a la roca
y notó sobre su espalda el sol caliente
... y se puso a soñar.

El Bogai soñó
con viento y cielo abierto.
Pero el Bogai
no comprendió el Sueño
y quiso soñar
solo con rocas
y sol caliente.

Entonces el Bogai
pasó el secreto del sueño
al Espíritu del Bunjil,
que es el águila.

Y el Bunjil
ascendió al cielo abierto
y sintió el viento en sus alas
... y se puso a soñar.

El Bunjil soñó
con árboles y cielo nocturno.
Pero el Bunjil
no comprendió el Sueño
y quiso soñar
solo con viento
y cielo abierto.

Entonces el Bunjil
pasó el secreto del Sueño
al Espíritu del Coonerang,
que es el oposum.

Y el Coonerang
subió a la cima de un árbol
y observó el cielo nocturno

… y se puso a soñar.

El Coonerang soñó
con amplias llanuras y hierba dorada.
Pero el Coonerang
no comprendió el Sueño
y quiso soñar
solo con árboles
y cielo nocturno.
Entonces el Coonerang
pasó el secreto del Sueño
al espíritu del Canguro.

Y el Canguro
se puso de pie,
miró la llanura de hierba dorada
… y se puso a soñar.

El Canguro soñó
con músicas, cantos y risas.
Pero el Canguro
no comprendió el Sueño
y quiso soñar
solo con amplias llanuras
y hierbas doradas.

Entonces el Canguro
pasó el Secreto del Sueño
al Espíritu del Hombre.

Y el Hombre soñó
con compartir el canto de los pájaros de
la aurora,
la danza del emú

y el ocre rojo de la puesta de sol.
También soñó
con risas de niños.

Y el Hombre comprendió el Sueño.
Entonces continuó soñando
con todas las cosas
que habían sido soñadas antes.

Soñó
con aguas tranquilas y profundas,
con olas y arena húmeda,
con rocas y sol caliente,
con viento y cielo abierto,
con árboles y cielo nocturno,
y con llanuras de hierba dorada.

Y entonces el Hombre supo a través del Sueño
que todas las criaturas
eran Espíritus hermanos
... y que debía proteger su Sueño.

Y soñó
con el modo en que le gustaría decir estos
secretos
a su hijo
que todavía no había nacido.

Entonces el Gran Espíritu supo por fin
que el Secreto del Sueño estaba a salvo.
Y sintiéndose cansado
por el Sueño de la Creación
el Espíritu de Vida se metió en la tierra
para descansar.

Por ello ahora,
cuando los espíritus de todas las criaturas
están cansados,
se reúnen con el Espíritu de Vida en la tierra,
por este motivo la Tierra es sagrada
y el Hombre debe ser su protector.[8]

Adrienne "lamenta no poder juzgar la calidad poética del texto original". Habla de ese pueblo "treinta veces milenario, destruido en un siglo por misioneros primitivos [...], bloqueos de incomprensión, ciegos y sordos a todo lo que no fuera *su misión*". El hecho de haber recibido este texto de Adrienne —maestra, jardinera y republicana—, con quien mantengo desde hace veinte años una relación epistolar, no es anodino, ni depende únicamente de la casualidad. Adrienne conoce las plantas y el fuego que las destruye en Aspres, donde tiene su jardín. Habla de la tierra con respeto. En su carta menciona la "calidad humana extraordinaria de esta civilización poco conocida [...], ese pueblo que conocía, antes que los paleontólogos, la evolución de la Tierra y, antes que los ecologistas, que la Tierra es sagrada y que el Hombre debe ser su protector".

El "secreto del Sueño" nos lleva a considerar el mundo vivo como un conjunto que engloba a los humanos y los no humanos en una continuidad rota solamente por una aptitud cultural única: el ser humano conoce el secreto del sueño y, por tanto, puede transmitirlo. Los demás seres, faltos de conciencia, se limitan a soñar sin poder utilizar el sueño. Esta relación con el mundo en el que los seres de la naturaleza aparecen en tótems, retomando los términos de Philippe Descola,[9] marca la diferencia entre la humanidad y el resto de los seres vivos del planeta sin dejarla de lado.

El final del poema da la clave de esta cosmología en la que todos los seres tienen derecho al respeto: alcanzan el

Espíritu de Vida en la tierra cuando están cansados (lo que equivale a decir que son el Espíritu de Vida). Sin embargo, respecto al no jardín, el párrafo clarificador se sitúa antes de la conclusión:

> Cansado por el Sueño de la Creación, el Espíritu de Vida se metió en la tierra para descansar.

¿Cómo arar, abrir la tierra, herirla sin dañar al Espíritu que en ella descansa? Para un aborigen australiano resulta impensable concebir un jardín en el sentido en el que Occidente lo entiende.[10]

Si me parece posible hablar de no jardín en un libro destinado a la historia de los jardines —aun siendo esta breve—, es porque la cuestión planteada por el "secreto del Sueño" tiene que ver con la de los jardineros aquejados de ecologismo, en la que el espacio del jardín, en el sentido ordinario del término, no corresponde ya con la realidad de los intercambios de vida tal como los desvela la ecología.

El espacio cerrado, confinado entre los cuatro muros que protegen lo *mejor*, ya no corresponde más que a una parcela de un territorio mucho más grande donde el viento, los pájaros, los insectos y los humanos inquietos no cesan de reconfigurar el programa biológico a escala planetaria. La historia del pensamiento —en particular la de la relación entre el ser humano y la naturaleza— ya no puede expresarse dentro de los límites espaciales del jardín, y se escribe ahora utilizando palabras sacadas del vocabulario de las nubes y los océanos, los ecosistemas y los biotopos, las tormentas y las calmas, las contaminaciones y las reparaciones; se habla de bosques y lindes como se hablaba de *macizos* y *arrietes*... Para los aborígenes australianos, así como para los achuares y los kogui de América del Sur, una visión tal cae en el ámbito de la evidencia. No se complica con palabras científicas, pero desemboca —por sentido común o por superstición— en una actitud que tiene en cuenta el conjunto de los seres vivos en las acciones humanas. El territorio de actuación no se limita al espacio junto a la casa. No hay jardín, sino la Tierra.

Bajo estas condiciones, ¿qué sucede con el huerto, el vergel, el "floricultor" y la parcela de césped?
¿Cuál es el porvenir del jardín?

Notas

1. La *black-boy*, de la familia de las xantorroeóideas, es endémica de Australia. Son plantas resistentes a los incendios (pirófilas) y florecen tras producirse un choque térmico. La inflorescencia de *Xanthorrhoea preissii* en forma de lanza hacía que los colonos dijeran que se trataba de indígenas en pie de guerra (una apreciación occidental, pues los aborígenes no tenían lanzas).

2. Lindgrist, Sven, *Terra Nullius: A Journey Through No One's Land*, New Press, Nueva York, 2007. "Del latín *terra*, tierra, suelo, país, y *nullius*, nadie: la tierra que no pertenece a nadie. O al menos a nadie digno del nombre de persona. Término aparecido en el siglo XIX para justificar la ocupación por parte de los europeos de grandes zonas del globo, este concepto jurídico sirvió para legitimar la invasión de Australia y el exterminio de los aborígenes que vivían allí desde hacía milenios".

3. Un botánico voluntario enseña de nuevo a los aborígenes de Lockhart River a reconocer y utilizar las especies útiles que antes se recolectaban y que sus antepasados tenían identificadas (2008).

4. Chatwin, Bruce, *The Songlines*, Cape, Londres, 1987 (versión castellana: *Los trazos de la canción*, Península, Barcelona, 2000). El autor insiste en la *songline*, una comunicación cantada y descodificada según las tablas de interpretación tribales. "Cuando reproducen un itinerario cantado en la arena, los aborígenes dibujan una serie de líneas interrumpidas por frutos naranjas. Una línea representa una etapa del viaje del antepasado (generalmente un día en bicicleta). Cada fruto es una 'parada', un 'lugar con agua' o "un lugar donde acampaba el antepasado". En la cultura nómada aborigen, cada camino se describe detalladamente con un canto. Al cantar su camino, uno se encuentra con gentes del mismo "sueño". *Le Sarkophage*, Bron, 17 de julio/11 de septiembre de 2010.

5. Gondwana: masa continental sur que comprende Australia, la Antártida, África, América del Sur, la India y Madagascar, antiguamente unidos antes de la quinta deriva de los continentes. Durante dicha deriva, solo Australia permaneció en las mismas latitudes, pivotando sobre sí misma.

6. Texto recogido por Jim Poulter, autor y trabajador social cuya familia está relacionada con los aborígenes desde 1840.

7. Adrienne Cazeilles, maestra jubilada, es la memoria de Aspres y Rosellón, y es autora de *Quand on avait tant de racines*, Édition Trabucaire, Perpiñán, 2003.

8. Poulter, Jim, *Le Secret du Rêve*, Éditions du Seuil, París, 1998.

9. Descola, Philippe, *Par-delà nature et culture*, Éditions Gallimard, París, 2005 (versión castellana: *Más allá de naturaleza y cultura*, Amorrurtu, Buenos Aires, 2012). La exposición *La fabrique des images,* celebrada en el Musée du Quai Branly en París (2010), ofreció una idea clara de las cuatro categorías en las cuales el autor clasifica las diferentes visiones del mundo y las ontologías relacionadas con ellas (animismo, totemismo, analogismo y naturalismo).

10. La película de Werner Herzog *Donde sueñan las verdes hormigas* (1984) muestra cómo una tribu aborigen se enfrenta a los buldóceres llegados para abrir una cantera en un país donde "sueñan las verdes hormigas", y cómo chocan con esta violencia hasta morir por ello.

VIII

El sueño del caracol

El caracol acumula en su concha sustancias tóxicas presentes en su entorno. Se deshace de ellas almacenándolas para una construcción: su casa.

Para crecer, el árbol fabrica un tronco: depósito de lignina, considerada como un residuo vegetal inerte, organizado en columna y luego como arquitectura.[1] La parte viva indispensable para su vida ocupa una fina capa protegida por la corteza.

El extremo de las raíces de la vellosilla, pequeña herbácea, desprende toxinas capaces de eliminar las especies de alrededor: deshierba.

La acacia espinosa de África carga sus hojas con un tanino amargo que aleja a los impalas y los kudúes cuando estos permanecen demasiado tiempo comiendo del árbol. Al mismo tiempo, emite un gas etileno que avisa a las acacias del entorno. Estas, de inmediato, cargan sus propias hojas con el tanino antes incluso de que los animales se acerquen. Este dispositivo protege a las poblaciones de acacias sin amenazar la vida de los impalas y los kudúes.

Los árboles adultos de los bosques primarios orientan sus copas dejando un espacio entre ellas. Es lo que los científicos denominan "fisura de timidez", que atañe a los sujetos de una misma especie. Esta distancia, observada por primera vez en los trópicos,[2] es el resultado de una forma de comunicación desconocida.

Arquitectura, protección, intercambio, gestión de stocks, explotación equilibrada del territorio, la naturaleza con su mecanismo de coevolución y adaptaciones múltiples ha perfeccionado un genio jardinero que los humanos, hasta estas últimas décadas, ignoraban o dejaban de lado, al sostener que estas observaciones científicas no les atañían.

Disuadido de comprender los mecanismos de la naturaleza, el jardinero *convencional* se empeña en ignorarlos, obedece a las órdenes del mercado, va a lo fácil, ejecuta las recetas escritas al dorso de los envoltorios de cartón en los que, sin embargo, aparece una calavera. Se viste de militar —casco y botas, máscaras y guantes—, se arma con lanzas y pulverizadores, ataca de cara, mata.

Sin embargo, sabe perfectamente que, en lugar de asegurarle la fuerza, su juego de muerte lo somete al sistema que lo amenaza a él directamente. ¿Seguirá mucho tiempo aceptando solamente como única ayuda la que le brinda la tecnología y rechazando la ayuda gratuita que le ofrece la naturaleza? Los medios se unen para entonar el canto del apocalipsis, anticipando el fin por la presión incontrolada de las actuaciones humanas. Mareas negras, vacas locas, inundaciones, contaminación nuclear, incendios, cambio climático —que pueden modificar seriamente el perfil físico y biológico del jardín planetario—, ¿tienen alguna incidencia en la forma y la función del jardín sin más, ese del que cada uno puede pretender ocuparse? ¿Qué dirán los libros de historia de los jardines sobre este período confuso en el que la humanidad abandonó un modelo de desarrollo devastador por otro que le parece menos agresivo y pretendidamente duradero? Si bien el *jardín histórico* —el que está en las memorias y en los libros de referencia— debe transcribir el pensamiento de una época, ¿cuál sería el dibujo del que se anuncia? ¿Qué forma dar al jardín de la era ecológica?

La mayoría de los encargos que se hacen a los paisajistas tienen que ver con la ordenación del espacio público, a veces con los parques o los jardines (privados o públicos). La naturaleza de los programas no difiere demasiado: lugares de paseo, sombra, estaciones, adornos florales, lugares de juego, campos de deporte, acompañamientos de los ejes de circulación, amenidad urbana. Casi siempre se trata de intervenciones que atañen a la ciudad o a su periferia. Sin embargo, las nuevas cuestiones planteadas por los cambios ecológicos y económicos arrastran a los seres humanos desde el arte a los nuevos ámbitos de exploración de su saber hacer; más concretamente, llaman al jardinero que hay en el paisajista y no al arquitecto. Presentan temas nuevos a los que responde de forma experimental ya que, en materia de ordenación ecológica, todo es nuevo. ¿Cómo tratar las aguas lagunares en ciudades medias?,[3] ¿cómo rehabilitar un lugar industrial abandonado?,[4] ¿qué uso razonado hacer de la fitorremediación en un suelo contaminado?,[5] ¿un "acolchado" de las rocas puede reducir el riego en áreas desérticas?,[6] ¿qué plantas crecen sin suelo?,[7] ¿qué especies vegetales soportan las radiaciones atómicas sin debilitarse?, etc.

A estas preocupaciones relacionadas con la restauración de un entorno enfermo se suman las de los encadenamientos de causa y efecto en el seno de ecosistemas locales y, a fin de cuentas, en el propio seno del "jardín planetario". Cada uno de nuestros gestos, por muy anodino que sea y por muy localizado que esté, incide en el estado general del planeta.[8] Esta nueva conciencia constituye una verdadera revolución del pensamiento en la relación del ser humano con la naturaleza. Hasta la segunda mitad del siglo XX se consideraba que el jardinero era el responsable de la producción —flores, frutas, verduras— y de la arquitectura del jardín. Regulaba su composición y su estética jugando con el espacio, la distribución de los materiales, las formas, las texturas y los valores de dichos materiales. En los jardines estetizantes, las plantas forman parte de los materiales; en los jardines naturalistas, ilustran la diversidad de especies y alimentan el exotismo que se espera de las colecciones.

A partir de finales del siglo XX, aparece una tercera responsabilidad inesperada y de gran peso, una misión: a partir de ahora el jardinero debe proteger las especies, proteger la vida. No se lo esperaba. No lo habían formado para ello. A lo largo de toda la historia, los jardines se presentaban como teatros, espacios de sueños y de paraíso; de forma implícita, expresan la profusión de la vida. Sin embargo, nunca antes se le había pedido a un jardinero que garantizase la vida dentro del recinto que estaba bajo su protección y que acogiera allí a las especies en peligro fuera de él. ¿Se convertirán los jardines del futuro en simples invernaderos? Y aunque los territorios de protección desempeñen el inesperado papel de la salvaguardia, ¿puede pretenderse que se los denomine "jardines"?

De ahora en adelante, numerosas especies sobreviven en los arboretos, mientras que han desaparecido de la naturaleza. El árbol de los 40 escudos, el *Ginkgo biloba*, sobrevive porque los humanos explotan su nuez (en China) y adornan con él las avenidas y los jardines por sus colores otoñales. Esta especie ya no existe en la naturaleza. Otras plantas y muchos animales encuentran refugio en los parques donde se intenta que se multipliquen mientras la explotación del planeta los destruye. Pero ¿realmente se trata de jardines?

El jardín implica un jardinero. Entre todos los perfiles de jardinero, solo hay uno que transforma el territorio de explotación, abusivamente llamado "jardín", en un jardín digno de este nombre: el artista que hay en él. Si la dimensión artística no ha sido tratada en esta *Breve historia del jardín* es porque la atraviesa en profundidad y alcanza sus más mínimos detalles, hasta el punto de que parece inútil hablar de la cuestión.

Nuestros futuros "invernaderos", nuestros espacios garantes de la vida y las diversas formas de expresión se encuentran en manos del artista. La historia nos muestra su talento de arquitecto, su dominio de las perspectivas, su mirada de pintor en el equilibrio de sombras y luces, aunque nos habla poco de su sensibilidad hacia lo vivo o de sus conocimientos en materia de biología, de su saber ecológico. Y, sobre todo, la historia nos habla poco del tiempo —el tiempo que pasa, la duración, el tiempo que permite colocarse en el suelo, el encuentro entre los seres vivos, la hibridación y el nacimiento imprevisibles—, y prefiere las formas y los grandes gestos arquitectónicos que han dejado una huella sorprendente e indiscutible del genio humano.

Sin embargo, es allí, en el espacio del tiempo, donde, en mi opinión, se tejen las cuestiones del futuro.

En una sociedad en la que la información instantánea nos llega desde el otro extremo del planeta, en la que las transacciones bursátiles se efectúan en el microsegundo, donde un clic con el ratón del ordenador te lleva, sin espera, a un archivo histórico que antes llevaba toda una vida de esfuerzos de un investigador para descubrirlo, donde la imagen aparece cuando se enciende la pantalla plana de la televisión, donde el consumo responde al deseo sin ofrecer la posibilidad de dudar (de reflexionar); en una sociedad así, la espera del futuro se aborta antes de encontrar una formulación posible. Todo se juega en el corto plazo, es necesario tener resultados.

Los jardineros, pero también quienes encargan los jardines, saben bien que un jardín no se presenta como un kit de decorado, sino que se forja con el tiempo.[9] Desde este punto de vista, entra en una categoría de uso que escapa de la "sociedad flash". Sin embargo, un dato nuevo, introducido por la complejidad de la gestión ecológica, se suma al sentimiento habitual de las estaciones. El tiempo necesario para el ámbito de la ecología cambia los proyectos del artista de igual modo que cambia los gestos del jardinero, amenazando seriamente la *perennidad de las formas*. Así, la ecología aplicada al jardín estaría relegando la dimensión arquitectónica de la obra a un lugar que nunca antes ocupó: a un segundo plano.

Lo vivo no permanece en las formas fijas. Adopta formas que enseguida abandona, se transforma y transforma el espacio. El jardín ecológico solo puede ser un jardín de transformación de las formas, un jardín para el que la *información biológica* ocupa el lugar de una "forma" momentánea.[10] El jardinero artista de este nuevo jardín se presenta, pues, como un intérprete de las invenciones de la naturaleza. Intenta, con todo, hacerse un lugar en el espacio del jardín, pero actúa con una precaución particular y nueva en el arte de la jardinería, ya que todos los seres vivos susceptibles de compartir este espacio tienen que poder encontrar en él las condiciones para su vida. Es un ser humano de terreno y cuestionamiento. Avanza con el tiempo. En este jardín no se trata de hacer que intervenga un profesional expeditivo, externo al lugar, que llega con un encargo para ejecutar una tarea de técnico de superficie y que se marcha según el horario previsto. El artista jardinero del jardín ecológico pertenece al jardín, el jardín no le pertenece, no puede tratarlo siguiendo órdenes ni convenciones; debe permanecer a la escucha y su presencia se prolonga con el tiempo.

Al escapar de las especulaciones de la rentabilidad, el tiempo escapa de las dimensiones contra las que chocamos con ira; se transforma en espacio de intercambio animado y argumentado por la multiplicidad de especies *in situ*; desaparece como obstáculo y se construye llegado el momento. Bajo esta configuración, que solo el jardín vivo aporta, se carga del instante presente haciendo desaparecer las amenazas y los espejismos del futuro.

¿Quién, actualmente, tiene el tiempo de tomarse este tiempo?, ¿quién se permite olvidar el tiempo que pasa para interesarse por el tiempo que hace?, ¿quién tiene la mente preocupada por lo vivo de un jardín naciente y se conforma con su estado, siguiéndolo a lo largo de su evolución?

En 2010, los participantes del recorrido Altertour compartieron el sueño del caracol "símbolo de biodiversidad (más de 200 especies), lentitud y sensibilidad hacia su entorno". En 2012, Altertour se centró en la artificialización de los suelos, abordando una aproximación al "jardín planetario" por tierra: algunas personas tocan de pies a tierra.[11] Esta militancia de la bicicleta valora la lentitud, la observación, el aumento del conocimiento, un cierto decrecimiento, y pone las bases de una nueva actitud para vivir juntos en el "jardín".

Sea cual sea la mirada, amistosa o no, sobre los balbuceos de la era ecológica, sabemos que los artesanos de estos nuevos proyectos de vida ponen las bases de un sistema hacia el cual, con o sin entusiasmo, tendrá que encaminarse la sociedad. El artista jardinero del espacio emblemático de la era ecológica —lo que la historia considerará como "jardín" verdadero, expresión de un pensamiento de su tiempo— no puede reducirse al recinto que hasta ahora la historia había llamado "jardín". El viento, los animales, las hormigas o los impalas… los humanos en sus movimientos: todo concurre en el mestizaje planetario de las especies, en una dinámica de intercambio que los cercados ordinarios no pueden contener. Lorette Coen sitúa el papel del jardinero ecologista en el registro expandido del arte contemporáneo:

> ¿Acaso un jardín ecológico no está llamado a saltar por encima del cercado que delimita el jardín? Si se piensa y se quiere que sea una obra, este jardín se comporta como el arte contemporáneo del que participa: tiende a pulverizarse y ex-

tenderse por todas partes, a crecer como no se espera que lo haga, allí donde nadie lo espera. Pero sin azar alguno; al contrario, porque se ha sabido quererlo así. Del mismo modo que se funde con el arte contemporáneo, este jardín también se funde con la naturaleza".[12]

Así pues, el paisajista artista jardinero de nuestros días (que se sobreentiende que es ecologista) debe pertrecharse con dos herramientas inasibles:

- el no cercado
y
- el tiempo expandido.
- Gracias a esto debería poder salpicar el planeta con sus acciones múltiples, atomizadas, llenas de vidas difusas, por tanto, de colores, como lo haría un impresionismo planetario cuyo lienzo no es otro que la piel de la Tierra.

Al observar los *burgajos* del huerto, constato que estos caracoles de grandes conchas de color beige pasan fácilmente a través de los orificios de las mallas de gallinero (aquí destinadas a los conejos), para abalanzarse muy lentamente hacia los sembrados de escarola. El cercado no cuenta para ellos; el tiempo, al parecer, tampoco. Pero desconocemos el punto de vista del caracol, así que tenemos que conformarnos con el sueño.

Notas

1. Hallé, Francis, *Éloge de la plante: pour une nouvelle biologie*, Éditions du Seuil, París, 2005 (versión castellana: *Elogio de la planta: por una nueva ecología*, Libros del Jata, Bilbao, 2016).

2. Misión Radeau des Cimes: bosques primarios tropicales de Guayana (1996), Gabón (1999), Madagascar (2001), Panamá (2003, 2004) y Vanuatu (2006).

3. Agence Paysages, lagunares en Harnes, un proyecto que consta de una serie de lagunas, cada una de ellas susceptible de considerarse como un jardín acuático, ocupado por series florísticas diferentes, empezando por los macrófitos, plantas de gran desarrollo.

4. Latz + Partner, valle del Ruhr, norte de Duisburgo, Alemania. No solo el paisaje rehabilitado parece haber borrado todo rastro de actividad humana, sino que también ciertos sectores, gestionados ecológicamente, ven cómo su biodiversidad alcanza un nivel tan alto como en los entornos naturales. Ciertos edificios conservados sirven de centros culturales acompañados de jardines en los que la arquitectura industrial en abandono se magnifica.

5. Muchas plantas herbáceas pioneras tienen la capacidad de extraer los productos tóxicos de los suelos e integrarlos en su organismo.

6. Gilles Clément/COLOCO, cinturón verde de Trípoli, Libia, espacio público de Suq Al Tulata, 30 hectáreas de rocas colocadas en el suelo mantienen la humedad en torno a las plantas y favorecen la condensación de la humedad atmosférica durante la noche.

7. Gilles Clément/COLOCO, jardín de los orpines, cubierta de la base de submarinos de Saint-Nazaire, Francia, 2010.

8. El "efecto mariposa" fue descrito por primera vez por el metereólogo Edwar Lorenz en 1972.

9. El parque André Citroën, terminado en su totalidad en 1990, no abrió sus puertas al público hasta 1992, para así dejar tiempo a que las plantas se instalaran. En cuanto al jardín del Musée du Quai Branly, el gestor parece que aceptó el principio de una inauguración pasados cinco años de su realización en 2006.

10. Laborit, Henri, *La Nouvelle grille*, Éditions Robert Laffont, París, 1974, ya citado en Clément, Gilles, *Le Jardin en Mouvement*, Sens et Tonka, París,

1991 (existe una versión castellana de una versión posterior: *El jardín en movimiento*, Editorial Gustavo Gili, Barcelona, 2012).

11. Anny Poursinoff, Marc Dufumier, Christian Velot, Michel Caillat, Eva Joly, André Pochon, Paul Ariès, entre otros, participaron en este recorrido que empezó en París el 3 de julio y finalizó en la Creuse el 15 de agosto.

12. Coen, Lorette (ed.), *Grandes paisajes de Europa*, Fundación César Manrique, Tenerife, 2009. Coen es periodista, especialista en jardines y cuestiones relacionadas con el paisaje y las sociedades que los crean, y comisaria de exposiciones.

IX

La tarjeta de puntos

(relato)

La puerta del Phytoshop se abre sin ruido bajo la mirada biométrica del vigilante. El acceso a los pasillos se desbloquea con el carro: una bandeja baja capaz de recibir plantas grandes y pequeñas, abonos, biocidas y materiales de adorno. Por todas partes, las pantallas planas difunden escenas con los usos de los productos en promoción, interpretadas por famosos. Jordi reconoce a Marine Dubas y a Abou Tchang en un debate sobre las vitaminas para gatos, se detiene ante un muestrario de láser para césped y se dirige hacia el espacio enrejado de verde donde se venden plantas y mantillos.

El carro eléctrico se desliza por el cemento liso. Se puede cargar la bandeja hasta los topes y llevarlo sin esfuerzo hasta el aparcamiento. Jordi, subido a la máquina, se deja llevar entre las góndolas como si estuviera en un videojuego. No necesita un vehículo tan grande para transportar la única planta que piensa comprar, así que por qué no divertirse. Se para delante de un parterre de laurentia azul pálido que evoca los plumbagos del Cabo. "No —dice—, no he venido a por esto". "A por esto tampoco", se convence Jordi ante unas estrelitzias inmóviles en una geometría intensa, nada que ver con el espíritu del parque... Aún menos estas rosas de color magenta, estos clemátides enormes y estas dalias. Busca texturas en forma de gotas de lluvia, efectos de chispas discretas en la sombra del sotobosque, el puntillismo ordinario del prado, la mezcla de todos los matices sin que uno u otro acapare la luz. Necesita toques de blanco delicado, distribuido en fragmentos suspendidos en el aire y el tiempo. Jordi sabe lo que quiere: una planta trepadora con inflorescencias vaporosas, formando umbelas en lo alto, una planta a la que le guste la media sombra, que soporte la vecindad de robles y arces, un *Schizophragma hydrangeoides*.[1] Eso es.

Jordi consulta de nuevo el atlas virtual del portátil clicando en la pestaña "planeta" y luego en la de "Japón" y "bosques nemorales de árboles frondosos de Asia", regiones originarias del *Schizophragma*. La imagen —contemplada innumerables veces— muestra la planta en julio, creciendo contra una pared de una casa inglesa a principios del siglo XX, o bien cultivada en forma de árbol o de arbusto en los jardines de colección, o también crecida libremente, sujeta a los árboles de su bosque nativo. Esta última imagen le gusta, es esto precisamente lo que hay que añadir a la entrada del parque, como un emblema del mestizaje planetario organizado sin barullo, con la elegancia ligera de las flores y del follaje.

El carro rueda entre las islas de contenedores de la categoría "trepadoras", pero ninguna planta se parece al *Schizophragma hydrangeoides* deseado. En el punto de ayuda, Jordi solicita la presencia de un vendedor, y este llega enseguida subido a su giróstato, pasando como una sombra entre las filas de vegetales.

—Malik-André-su asesor-vendedor-¿en-qué-puedo-ayudarle?

Jordi le enseña la foto. Malik-André, asesor-vendedor, lanza la pregunta a su tarjeta electrónica y recibe una respuesta breve:

—Diez ejemplares en stock únicamente: planta rara. Las conservamos en la cristalera. *Schizo* 7, 11 y 23, no tenemos más resultados.

—Quisiera el tipo botánico² —aventura Jordi sonriendo.
—¿El tipo? —se sorprende Malik-André—, ni siquiera en el bosque se puede encontrar. Solo disponemos de Organismos Genéticamente Modificados (OGM) certificados. ¿Me permite que le describa sus ventajas? El 7 desprende un perfume a lavanda, no habitual para un *Schizo* que ordinariamente carece de efluvio; el 11 atrae a los esfíngidos en el crepúsculo, el 23 produce un residuo saponificable para el baño que las señoras aprecian, ¿cuál prefiere?
—El 11 —dice Jordi agobiado—, con un poco de suerte, al atraer a los esfíngidos también atraerá a otras especies, quién sabe, tal vez aumenten las posibilidades de diversidad, ¿no?

Para Jordi todo se resume a una cuestión de número y diferencia. Esa es su función o, mejor dicho, su misión en la gestión del parque: mantener o aumentar la diversidad biológica, el número de especies en contacto, la cantidad de biotopos posibles dentro de los muros del parque, las mejores posibilidades de que se hibriden plantas y animales, de que aumenten las posibilidades de inventar la vida. Su papel de intermediario le gusta, espera lo inesperado, ama lo desconocido.

—Son 54 euroyenes —dice Malik-André—. ¿Tiene-usted-la-amabilidad-de-identificarse?

Con un movimiento de autómata, Jordi coloca la palma de la mano sobre el receptor del giróstato para grabar el plano infradérmico de identidad, y luego la retira y la mete en su monedero por si fuera necesario pagar una propina. Sin embargo, el asesor-vendedor no le da tiempo a verificar sus monedas y billetes.

—Lo siento, señor Jordi, pero, aunque no tiene deudas con el banco, posee menos de 6 puntos en su cuenta de identidad,

no tengo autorización para venderle nuestros productos...
¿me-permite-sugerirle-que-recompre-sus-puntos?

Teniendo en cuenta la cuestión del sueño, Jordi se alinea con el pensamiento aborigen: su vida concreta y perfectamente materializada por los esfuerzos físicos, la dureza de los materiales y la extensión de sus jornadas se halla íntimamente unida a la inmaterialidad de los sueños, donde todo aparece según un modo de ensamblaje caprichoso. En su opinión, el ensamblaje de las imágenes soñadas organiza un discurso al que cada cual debe prestar una atención particular. Una distracción sobre el mensaje del sueño amenaza el proyecto de vida, en cambio la atención mantiene el equilibrio. No obstante, precisamente el *Schizophragma* extendido y en flor, disponiendo sus umbelas por encima de la puerta monumental de acceso al parque, se le había aparecido en un sueño obsesivo, hasta hacer que se decidiera a conseguir uno a toda costa. Únicamente los Phytoshops territoriales ofrecen especies raras que todo el mundo desea. El rechazo del asesor-vendedor Malik-André amenaza la coherencia del proyecto de desarrollo del parque. Jordi se estremece (físicamente) ante la idea de un incumplimiento en esta línea de conducta: preservar y aumentar la diversidad; integrar las floras en peligro compatibles entre sí en la reserva artificial y vigilada que constituye este gran jardín, para evitar lo peor: la desaparición pura y simple de especies relictas.[3]

Este proyecto, ya antiguo, se remonta al abandono del Muro Anti Roms en las fronteras lemosinas (el MAR central), próximo a Crocq, allí donde la meseta de Millevaches —uno de los "depósitos de agua naturales" protegidos de Europa— se veía sometida a una presión nómada que amenazaba la integridad y la calidad biológica del agua. Al menos este era el argumento que se había elegido para expulsar a los "rumanos" y, en general, a todos los extranjeros de aquel territorio protegido. Sin embargo, la libre circulación de los nómadas en Europa no había solucionado el problema. En cuanto se firmaron los tratados de la independencia lemosina, así como la de casi todas las regiones del subcontinente, se levantó un muro que cabalgaba las montañas de Combrailles, de Marches y los montes de Ambazac para cerrarse en bucle cerca de los relieves de Blond. Como este primer obstáculo no fue suficiente, se construyó un segundo muro en paralelo, imitando los modelos de Tijuana-San Diego del continente americano y Ramala-Jericó de la Cuenca-Muerta del Nuevo Oriente. En cada uno de dichos lugares, la no ocupación por parte de alguna actividad humana de los suelos entre los muros hizo que se instalaran ecosistemas de acogida para una diversidad natural expulsada de todos los demás lugares.[4] El enriquecimiento progresivo de estos "pasillos biológicos" monumentales (la distancia entre los muros puede llegar a alcanzar entre 300 y 500 m, y su desarrollo sobrepasa los 400 o 500 km) los convertía en "reservas naturales" codiciadas por etólogos y botánicos del mundo entero. Todavía hoy —Jordi lo sabe, ya que ejerce de guía en ese territorio— se acoge en el parque MAR central de Crocq a botánicos, entomólogos y ornitólogos, en grupos de cien, inscritos desde hace varios años en las listas de espera.

En la espesura de los MAR internacionales, se desarrolla una diversidad fruto del mestizaje planetario; el resto del planeta, sometido a las infraestructuras de carreteras, a las megalópolis y a la explotación industrial de los suelos, ve cómo su entorno natural se marchita y desaparece. Los cronistas más insolentes aprovechan para sacar a la luz la paradoja de los MAR: construidos para contener la diversidad cultural, acogen, en la espesura de su *no man's land*, a una diversidad natural enloquecida e inquietante. En ella, muchas especies vagabundas, con ciclos cortos y semillas voladoras, se comportan como nómadas: cambian continuamente de campamento.

De este modo, los lugares de rechazo del vagabundeo humano se habrían transformado en espacios de encuentro de todas las demás especies, activando los riesgos de hibridación y las mutaciones naturales. En todo el mundo, los laboratorios oficiales se oponen a la dinámica imprevisible de los parques fronterizos. En el laboratorio, mediante el control genético, se domina, fuera de él se está expuesto a las invenciones desastrosas de la naturaleza.

Las poblaciones viajeras —de muy diversos orígenes—, forzadas a ser sedentarias, absorbidas culturalmente, han desaparecido del paisaje antropizado. Se habla de los nómadas como de una historia muy antigua asociada a los orígenes del ser humano. Los muros inútiles, parcialmente desmantelados, dejan que se formen bosques invernadero que cada región autónoma reivindica como un tesoro.

Jordi ama el parque. Cada día lleva a cabo una inspección, cada día un descubrimiento: una planta nueva, un pájaro de paso, un cadáver de un insecto desconocido... El territorio le pertenece sin que sea dicho, pero él lo sabe; conoce los caminos posibles, los refugios naturales, los miradores y los estanques; sigue el rastro de los turistas que se pierden y es el garante de los ecosistemas en constante mutación. Lleva un diario. Es el guardián. Excepto un amplio sector declarado reserva biológica integral (RBI), donde tanto los visitantes como los jardineros tienen el acceso prohibido, conoce la profundidad del parque, su paisaje íntimo, su jardín. Su casa. A veces duerme en la horcadura de un árbol, pasa la noche bajo una roca y se alimenta de frutos y hojas comestibles, todos ellos bajo la vigilancia de los jardineros. Algunos mangos salvajes consiguen madurar en el parque MAR central de Crocq desde que los inviernos, transformados en estaciones templadas de lluvias, ya no congelan los paisajes de las Millevaches y que las turberas, convertidas en lagos, se pueblan con truchas africanas.

Malik-André, asesor-vendedor, anula el pedido. La Central de Recompra de Puntos Identitarios más próxima está justo al otro lado de la calle, dice, señalando la iglesia.

—¿Aquella mezquita?—pregunta Jordi.
—Como quiera, en fin, la Central—insiste Malik, entregando al jardinero los *flyers* anunciando las próximas sesiones de firmas en la tienda: Marine Dubas y Abou Tchand estarán aquí dentro de ocho días para dedicar su libro escrito conjuntamente sobre la puericultura a través de asistencia por satélite en el medio rural.

Nunca antes Jordi había entrado en una Central. Conocía sus fachadas, sus ornamentos y excrecencias arquitectónicas, visibles para cualquiera desde el exterior. Las iglesias, los templos, las sinagogas y las mezquitas, a veces hibridadas, otras conformes a sus orígenes (según lo que se sabe), se alzan por todo el territorio con sus agujas entremezcladas apuntando hacia el cielo, como para atravesar el techo de nubes, quizá para herirlo. Estas torres estrechas y puntiagudas asustaban a Jordi, que siempre las esquivaba. Hoy tiene que afrontarlas, llegar al interior. El abandono de los edificios reservados a los cultos se extiende por el territorio desde las primeras difusiones gratuitas de los oficios religiosos, convertidos en cotidianos y obligatorios en las cadenas de televisión. Reconvertidos en museos, centros de arte o bancos, luego requisados en beneficio de las centrales que andaban escasas de locales, los edificios con una nueva apariencia atraen la mirada gracias al parpadeo continuo de los campanarios y minaretes. Una cámara de descompresión acoge a los fieles. Jordi cruza la calle y se une a la fila de espera.

Malik-André había sido preciso: tres de doce, situación de alto riesgo. ¿Cómo había llegado a perder tantos puntos? Jordi intenta reconstruir errores ciudadanos; el tiempo de espera le permite hacer este recuento doloroso. Él, a quien su memoria lo ayuda recordándole sin esfuerzo letanías de nombres científicos, se ve obligado a realizar esfuerzos para esta encuesta fastidiosa, en la que los hechos sin consistencia, que dependen de las casualidades de la vida, solo se habrán grabado de forma duradera en los discos duros de las cámaras de vigilancia. Por su parte, él lo ha olvidado todo. El memorando, que consulta en su pulsera de ciudadanía, le hace menear la cabeza a cada lectura recogida. Una sonrisa fuera de lugar dirigida a la cajera del Hip-Hop-Store de Lavaveix-Les-Mines, un punto; un breve altercado con el guardián del Museo de los Sabores de Creux, dos puntos; un exceso de lentitud en la carretera de "ocho carriles" entre Saint-Georges-Nigremont y Crocq, un punto... Lo único que consigue recordar con una punzada en la memoria es aquel asunto de tránsito: intento de acoger en su domicilio a una persona no referenciada, seis puntos. Un asunto grave... Tenía la misma mirada oscura y cálida que la cajera de la Hip-Hop-Store, no dijo que no...

La ventanilla de la Central se divide en doce filas que terminan en unos torniquetes antiguos, como los que todavía se ven en los mercados de oxígeno de los países vecinos; el Lemosín goza de una calidad atmosférica que es la envidia de los extranjeros, de momento no son necesarias esas instalaciones caducas... Jordi elige la fila 7, muestra su pulsera y pasa.

Ante la puerta protegida con un antisonido dorado, en esta reserva de silencio que constituye el umbral de ese instante, Jordi titubea. Su espíritu vagabundea y se detiene en lo improbable: perder su identidad. En las veladas del parque se cuenta como tal o cual persona consigue recobrar un número de identificación, y, por tanto, una nacionalidad; en estas reservas de apátridas situadas en algún lugar del Sahel, en Igourie o sobre el Alti-Plano... Se comentan las atribuciones a la no acción y las recompensas por buena conducta: diez minutos de trabajo y luego veinte o treinta según la resistencia de los apátridas. Se habla de los sufrimientos de aquellos que ya no tienen nombre, de los vagabundeos del alma por el desierto del anonimato. Jordi piensa en sus antepasados catalanes, imagina los países desconocidos, los continentes lejanos, los viajes inaccesibles porque estaban prohibidos o sencillamente fuera del alcance de un jardinero. Por un instante, su mente vagabundea; ¿hay que entrar ahora en el templo de las recompras? ¿En qué pensar para calmar el tumulto que siente? ¿Cuándo se abrirá la puerta con el acolchado engarzado en la madera? Jordi saca maquinalmente un libro pasado de moda de su bolsillo interior. Un libro en papel, por tanto, muy antiguo, amarillento, con las esquinas dobladas, una historia de los jardines...

¿Por qué motivo estas imágenes le hacen soñar tanto? Todas esas formas, esos caminos, esos setos podados, esos chorros de agua, todas esas terrazas, balaustradas, glorietas (incluso había falsas grutas) de antaño. Hoy en día ya no se sabe nada de todo aquello. Se ríe. Es como si nos pidieran que lleváramos pelucas o trajes con corbata; ¿quién haría algo así en Lemosín (o en Berry, Armenia, Limaña, Cataluña)? Lo que actualmente se denomina "jardín" se asemeja a lo que los libros de historia, de imágenes desvaídas, llamaban "naturaleza", "jardín salvaje", *wild garden*, o incluso "terrenos baldíos" y "abandonados". Estas palabras ya no están en uso. Existe el exterior de los muros dobles que separan las naciones autónomas, la actividad humana, las ciudades, las carreteras y la explotación industrial del suelo, y el interior de los muros dobles: el jardín... En algunos países en los que el antiguo Muro

Anti Roms acompaña a la frontera de manera discontinua, donde cada uno de estos fragmentos corresponde a un biotopo determinado, se habla de jardines, de parques o de invernaderos, utilizando el plural, pero aquí la inmensa reliquia forestal del MAR central de Crocq constituye un conjunto de una sola pieza: el jardín de Jordi.

La puerta se abre con un ruido de succión para aspirar a los infractores. Uno no puede resistirse a esta llamada. Jordi se ve proyectado a una habitación oscura y, mientras que la puerta vuelve a cerrarse, otra se abre con estruendo sobre una escena de música y luz. No se esperaba un espectáculo así: por todas partes hay eslóganes, imágenes animadas colgando del aire por encima de los fieles. Los asesores-vendedores alaban los méritos de un determinado vehículo, de una determinada arma o estación meteorológica personalizada; por todas partes están expuestos los nuevos giróstatos, el último láser para césped, los más minúsculos globos estáticos de observación, etc. Envuelto en un resplandor de sonidos y colores, al ritmo de un corazón gigante, Jordi avanza acomodándose al paso de los compradores... Ante él, perfectamente centrado en el medio de la nave, alzándose sobre un altar, vestido con una casulla y una máscara negras, está el sacerdote-subastador.

Equipado con un martillo de madera, adjudica las ventas; en cada recompra de puntos, golpea la mesa que retumba como un gong. El infractor-asignado paga la cuota exigida y se va con la tarjeta de identidad recargada de nuevo. Al acercarse al altar, las imágenes y los sonidos se hacen más potentes. Jordi se tapa los oídos con las manos, también le gustaría cerrar los ojos, da un paso más adelante.

Nunca habrá un *Schizophragma hydrangeoide* en la entrada oficial del parque MAR de Crocq de Lemosín. El análisis de las cámara de videovigilancia muestra a un hombre separándose de los grupos de recompra. Se aleja y desaparece en la sombra alejada de la Central. Un primer plano se detiene en la pulsera tirada al suelo: JORDI, Jardinero Ordinario Intermitente núm. 27693B, una pulga minúscula brilla como una pepita en el suelo de piedra manchado de sangre...

En lo más hondo de un barranco deshabitado, desde hace mucho tiempo alejado de las civilizaciones, en la espesura de la reserva integral, un ser no referenciado enciende un fuego. Es un hombre. Por sus gestos precavidos, por la atención que presta a las plantas y a los animales, podría ser un jardinero.

Notas

1. *Schizophragma hydrangeoides* SEIB y ZUCC, planta sarmentosa de la familia de las hydrangeaceae, más escasa y más difícil de cultivar que la *Hydrangea petiolaris*, que forma con ella el pequeño grupo de hortensias trepadoras. Original de los bosques de montaña de Japón y conocida en Europa desde 1880.

2. Tipo botánico: especie conforme con la especie salida del medio natural en su descripción científica de origen.

3. Las especies relictas están consideradas como supervivientes de un grupo desaparecido. Su escasez las amenaza con la extinción total, los conservatorios tienen la misión de protegerlas.

4. Sobre el concepto de Tercer paisaje, véase: Clément, Gilles, *Manifeste du Tiers Paysage*, Éditions Sujet/Objet, París, 2004 (versión castellana: *Manifiesto del Tercer paisaje*, Editorial Gustavo Gili, Barcelona, 2018). Conjunto de los fragmentos abandonados en los que se refugian las especies que no encuentran espacio en otro sitio.

Breve bibliografía

Breve bibliografía

Las obras dedicadas a la historia de los jardines, escasas a principios del siglo XX, son hoy numerosas. En aquella época, los aficionados a los jardines interesados por el tema solo disponían de un texto completo en el que la autora, Marguerite Charageat (*L'Histoire des jardins*, PUF, París, 1962), recorre la historia con el tono serio de los universitarios. Ese mismo año se publicó *A History of Garden Design* (Faber and Faber, Londres, 1962) de Derek Clifford. El libro se tradujo al francés en 1964 y, debido al desfase de las traducciones, se ve cómo un mismo tema (Charageat y Clifford cubren el mismo tiempo histórico) se trata a un lado del canal de la Mancha desde su vertiente técnica y al otro desde su dimensión artística. En realidad, ambos autores abordan las mismas cuestiones con el mismo brío y la misma lógica de los encadenamientos históricos. Estas dos obras constituyen una especie de fondo de biblioteca sobre los jardines, en un formato aceptable para poder consultarlos yendo de viaje. Al principio de mis viajes, llevaba ambas. Todavía hoy sigo considerándolas obras actuales (junto con el libro de Michel Baridon), a pesar de que tengo algunas reservas acerca de las opiniones sobre "el buen uso" del jardín "ajustado a sus funciones" o sobre las motivaciones reales que los rigen, tal como se explican sobre todo en el libro de Derek Clifford.

Con algunas excepciones, la lista presentada se corresponde con los textos citados en el presente libro:

Benoist-Méchin, *L'Homme et les jardins*, Albin Michel, París, 1975.
Al margen de los trabajos del autor dedicados al mundo árabe, este texto se presenta como un punto de vista subjetivo sobre un tema presentado como una pasión placentera. El autor "olvida" voluntariamente los jardines ingleses, valora en exceso el estilo francés del siglo XVIII, subraya su gusto por el orden y la grandeza de las vistas.

Hunt, John Dixon, *L'Art du jardin et son histoire*, Odile Jacob, París, 1996.
Hunt muestra el arte del jardín en toda su complejidad, insistiendo en la naturaleza transversal de dicho arte que atraviesa la geografía, la botánica, la pintura, la sociología, la arquitectura..., colocándolo en una vertiente teórica y desarrollando un discurso sobre las "tres naturalezas", de las que al menos una da cuenta del jardín.

Prest, John, *The Garden of Eden*, Yale University Press, New Haven/Londres, 1981.
El jardín, dominado por una visión bíblica común a las civilizaciones monoteístas de Occidente, se aproxima al paraíso, territorio idealizado en el que abundan los frutos, las flores, las verduras..., en el que el arte de vivir se organiza según una relación directa con las cosmologías dominantes, marcadas por las creencias, las supersticiones, los ritos, incluso la brujería. Prest considera el "jardín botánico" como un intento de recreación del paraíso en la Tierra.

Chevillard, Louis, *"La Flûte et le tambour" ou l'Héritage de Ferdinand Bac,* cuento literario, Menton, 1982.
El recorrido de Ferdinand Bac, descrito con precisión y lleno de anécdotas, no constituye una aportación fundamental a la historia de los jardines, pero permite comprender cómo y por

qué un hombre conocido por sus escritos, su trabajo crítico de la historia, su enfoque sobre los humanos (sus caricaturas), aborda el final de su vida a través de un jardín. Les Colombières de Menton se considera como lo mejor de su obra, una obra maestra en sí misma (1920-1926). Es uno de los escasísimos ejemplos de jardín art decó de gran extensión.

Baridon, Michel, *Les Jardins: paysagistes-jardiniers-poètes*, Robert Laffont, París, 1998 (versión castellana: *Los jardines: paisajistas, jardineros, poetas* [tres volúmenes], Abada, Madrid, 2004-2008).
Todavía hoy es el libro más completo y más documentado sobre el arte de los jardines en todo el mundo. La particularidad de esta obra está en el cuidado con el que trata el estudio de los autores, mecenas o responsables de los grandes jardines citados, tanto de los que actúan a la luz del día como de quienes lo hacen entre bambalinas. Esta enciclopedia de bolsillo abarca toda la historia, desde Babel hasta nuestros días.

Montero, Marta Iris, *Burle Marx, paisajes líricos*, Paradox, Buenos Aires, 1997.
Esta monografía sobre un artista brasileño poco conocido en Europa evidencia la fuerza y originalidad de un trabajo en el espacio, inspirado en el "arte moderno", del que no existe ningún equivalente en el mundo. El interés de los jardines de Burle Marx está en la dimensión pictórica de su tratamiento del espacio, pero también en la enorme precisión botánica con la que trata los espacios públicos y privados. Contribuye, sobre todo, a que los brasileños descubran la flora de su propio país.

Salmon, Jacqueline y Moser, Monique, *Le Jardin de Méréville*, L'Yeuse, París, 2004.
La combinación de imágenes cuidadosamente escogidas por una fotógrafa con textos escritos por una historiadora del arte

hace de esta obra de gran formato—que podría confundirse con esos "libros bonitos para decorar mesas de centro"—un libro para consultar con mucha atención. Méréville se muestra en todo su desamparo y belleza asilvestrada, y muestra que el avance de la naturaleza hasta ese estadio se adapta bien a una escenografía de las ruinas.

Lafont, Jean-Marie y Rehana, *Les Français et Delhi Agra, Aligarh et Sardhana*, India Research Press, Nueva Delhi, 2010.
Es un texto muy completo sobre la presencia de los franceses en el norte de la India, aunque no ilumina especialmente acerca de la cuestión de los jardines mongoles. Todo su interés reside en que se detiene en el Jantar Mantar de Delhi, jardín astronómico, curiosamente, olvidado por la historia de los jardines.

Bazin, Germain, *Paradeisos ou l'art du Jardin*, Chêne, París, 1988 (versión castellana: *Paradeisos: historia del jardín*, Plaza & Janés, Barcelona, 1990).
Recopilación ilustrada de los principales jardines históricos en el mundo, con fotografías y documentos de archivos rara vez publicados en los libros sobre la historia de los jardines. De este modo, se entra en la gruta del jardín de Boboli de Florencia sin dificultad, prohibido para los visitantes del jardín.

Rambach, Pierre y Suzanne, *Le Sakutei-Ki. Livre secret des jardins japonais*, Skira, Ginebra, 1973.
Traducción francesa de la primera obra detallada que ofrece las reglas de construcción de los jardines en Japón. La mayoría de las indicaciones proceden de la tradición oral, que hasta entonces no había sido recogida.